명당과 조상과 자손

## 명당과 조상과 자손

초판 1쇄 발행  2011년 3월 28일

지은이 | 이익중

펴낸이 | 이의성
펴낸곳 | 지혜의나무
등록번호 | 제1-2492호
주소 | 서울시 종로구 관훈동 198-16 남도빌딩 3층
전화 | (02)730-2211   팩스 | (02)730-2210

ISBN 978-89-89182-59-7   03380

* 잘못된 책은 바꾸어 드립니다.

# 명당과 조상과 자손

이익중 지음

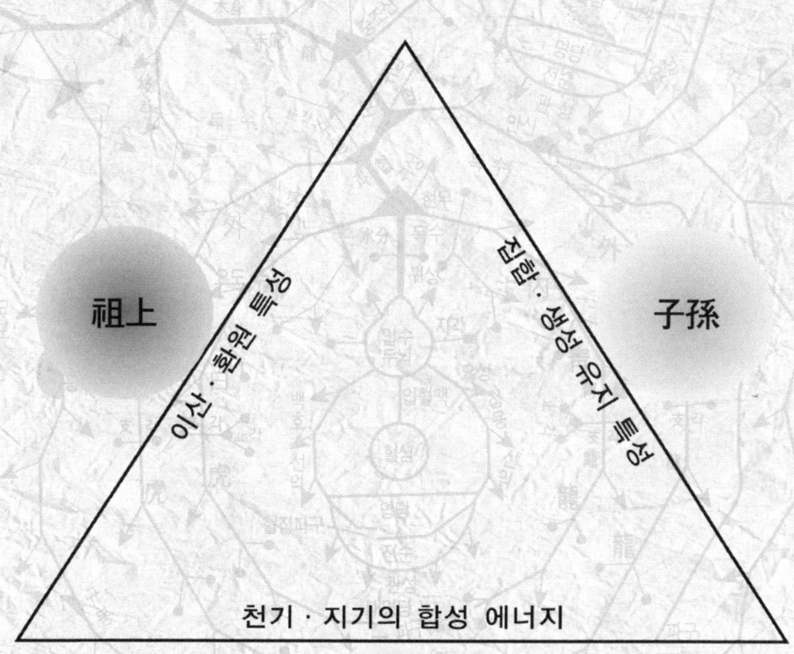


지혜의나무

# 책머리에

누구든 부모의 자식으로 태어나지 않는 사람은 없으며, 대부분의 부모는 같이 돌아가시지 않으므로 그 자식들은 평생에 두 번 부모 장례를 치르게 된다.

그러면서도 대부분 사전에 올바르고 합리적인 지식이 없으니 자신들의 의지대로 행하지도 못하고 관습에 따르거나 시대 조류에 따르거나 남들이 하는 방식대로 따라 하면서 비몽사몽간에 장례를 치르게 된다.

어떠한 땅을 선택해서 매장을 하거나 화장을 해서 어떠한 방식대로 예우를 하거나 그 자식들의 판단이겠으나 그 판단에 도움을 주고자 함이 이 졸저의 목적이므로 인연이 닿는 독자들에게 도움이 되었으면 한다.

명당(明堂)이란, 자연의 질서가 만들어 놓은 자연의 작품으로, 구비 조건을 갖추고 있으며, 태양 에너지를 주(主) 에너지로 한 우주 천체 에너지와 지구 에너지(地氣)가 합성·응축(合性·凝縮)되어, 생명 에너지가 핵화(核化)되어 있는 소정(所定)의 땅인 혈장(穴場)을 말한다.

조상(祖上)은 육신과 정신의 에너지를 자손한테 물려주고, 끝내는 그 육신(肉身)이 땅속으로 영면(永眠)한다.

자손(子孫)은 부모·조상으로부터 물려받은 육신과 정신 에너지로 세상을 살아가게 되는 과정에서 조부모나 부모가 돌아가셔서 땅속으로 영면하신 이후에 그 자손들의 삶이 길(吉), 또는 흉(凶)으로 변하게 되는 수많은 사연들은 과거 조상으로부터 현재까지 진행되고 있는 실체적 사건들이다.

필자는 그 동안 이러한 사연들의 실체를 접하면서 명당이든, 명당이 아니든, 또는 어떠한 땅이든 그곳에 묻혀 있는 부모·조상과 자손과의 관계가 무관하지 않다는 사실을 알게 되었다.

이와 같은 사건들은 살아생전의 부모·조상과 자손은 의식, 즉 마음과 마음으로 의사 표시를 함으로써 교감(交感)하며 살아가지만, 돌아가신 후에는 부모·조상의 유해(遺骸) 에너지와 자손의 육신 에너지, 즉 물질과 물질 에너지의 초자연적 교감(交感) 관계가 새로이 설정된다는 사실에 대한 증거가 아닐까 한다.

우리나라는 좁은 국토에 인구 밀도가 높은 현실 때문에 살아 있는 사람의 주택난도 극심한데, 죽은 자의 유택 문제는 현재와 미래의 국토 이용의 효용적 측면에서 논란의 대상이 되지 않을 수 없는 처지다.

필자는 이러한 논란의 문제보다는 혈장이 아닌 아무 땅에다 무작정 매장하여 결국에는 그 자손들이 피해를 입게 되고 게다가 잘못된 장지(葬地) 선정과 잘못된 장법으로 더욱 피해를 입게 되는 실체적 현실이 안타까워 사후 부모·조상과 자손과의 관계를 나름 알고 있는 대로 밝히고자 했다.

이 책 목적은 독자들의 이해와 공감을 도모하는 데 있으므로 매장을 하든, 화장을 하든, 각자의 사정에 따른 최선의 합리적인 방법으로 부모·조상의 사후 예우를 한다면 효(孝)하는 도덕적 도리에 맞을 뿐만 아니라 자손들은 그에 상응하는 능력 있는 인생을 살아가게 될 것이다.

인생에는 최선책만 최선이 아니다. 최선책이 안 되면 차선책(次善策)도 최선책이 되는 것이므로 지혜와 의지로서 부모·조상의 사후 예우를 합리적으로 한다면 자신과 장차 이 땅에서 후손들이 복된 삶을 살아가게 될 것이다.

한 가정, 한 가문이 행복하면 사회가 활기차고 편안하게 되는 것이므로 한 가정, 한 가문의 부모·조상 사후 예우를 합리적이고 미래 지향적으로 선택하는 일이 중요하지 않을 수 없으므로 어떠한 선택을 하든 중대한 일에 보탬이 되었으면 한다.

필자는 일제 강점기와 해방 후의 보릿고개라는 어려운 시절도 살아 보았고, 6·25 동란이라는 동족 상잔의 비극도 겪어 보았고, 경제 발전을 이룩하며 세계 선진국 진입을 눈앞에 둔 이 시점에, 이 복된 땅에 태어나 이제 희수(喜壽)를 맞은 국민의 한 사람으로서 이 졸저가 국민이 행복하게 살아 갈 수 있고 나라가 영원히 발전할 수 있는 마지막 봉사가 되기를 간절히 바란다.

끝으로 이 학문을 연구해 보고 싶은 독자는 필자의 졸저 ≪길한 터 흉한 터≫와 ≪터와 명당≫을 이용하여 용맹 정진하기 바란다.

# 서문

먼저 졸저 ≪길한 터 흉한 터≫와 ≪터와 명당≫을 읽고 공감과 성원을 보내 주신 독자 분들께 감사의 마음을 전한다.

≪명당과 조상과 자손≫이라고 이름 한 이 책을 접하게 되는 독자들께서는 명당, 조상, 자손, 이들 셋의 에너지 상호 작용 관계를 긍정하느냐 부정하느냐 하는 각자의 의지에 따라 인생에 대한 과거와 현재, 그리고 미래의 의미와 설정(設定)이 달라질 것이다.

그 동안 강단과 현장을 오가면서 가장 절실하게 느낀 것은 필자가 접해 본 거의 모든 분들이 풍수지리의 본질적 진실에 대하여 놀라울 정도로 무지하다는 점이었다.

국토의 70% 이상이 산이면서 선(線) 에너지 구조로 된 특유한 우리나라의 산세 지형은 오천 년의 역사를 이어 민족의 흥망성쇠를 함께 하면서 조상 대대로 생명 에너지의 근원이 되고 과거, 현재, 미래를 연이어서 우리 민족성의 장단점을 형성하는 데 중요한 역할을 하는 소중한 자연 환경 에너지원(源)이다.

그럼에도 불구하고 그 실체인 현장을 바탕으로 하여 보다 과학적이고 합리적으로 궁구하여 올바르게 밝혀서 통일된 이론으로 이해하기 쉬운 학문으로 정립하지 못하고, 현장이 아닌 실내에서 운세를 풀이하는 역술적인 각종 음양오행 이론을 이 책 저 책에서 옮기거나 모아서 짜깁기를 하는 등 이해하기 어려운 이론 위주의 내용이 풍수지리의 본질적인 진실처럼 되었다.

또한 어깨 너머로 패철의 스물네 글자만 익힌 호사가들에 의해 발과 입이 생겨나서 전국의 산천과 사람들에게로 전전하며 거기에다 옥상옥 격으로 핵심 없는 각종 물형설을 만들어 전설 같은 이야기가 학문의 이론처럼 되어 전 국민들의 눈과 귀, 그리고 생각과 판단을 혼동시키고 있었다.

분명한 것은 자연과 인간은 그 실체가 필연적으로 서로 얽어져서 에너지 관계 작용이 일어나기 때문에 의식이 없는 자연 에너지는 의식이 있는 인간이 어떠한 곳(터)이든 선택하여 함께 하기에 따라서 그에 상응하는 에너지 관계 작용이 발생하여 인간에게 선(善)과 악(惡), 또는 길(吉)과 흉(凶)이라는 결과가 나타난다. 그 이유는 인간과 자연이 서로가 관계를 거부할 수 없는 현상계의 법칙인 연기 질서(緣起秩序) 속에 있기 때문이다.

그런데도 우리나라 풍수학계는 아직도 현장에서 객관적인 검증이 불가능한 이 이론, 저 이론, 이 설, 저 설 등의 이론과 설로만 설왕설래하면서 매장이나 화장의 경우를 막론하고 지도하는 자 스스로도 확신하지 못하는 잘못되고 관습적인 편리한 방편들로 적당하게 전달자 역할을 할 뿐이다. 필자는 신뢰할 수 있는 본질적이고 합리적인 방법으로 올바른 도움을 줄 수 없다는 현실적 안타까움에서 또 한 번 서투른 글을 쓰게 되었다.

요즘 초상을 당하는 상주들은 거의 모두 높은 교육을 받아서 다른 분야에는 전문 지식들이 풍부하면서도 유독 이 분야에는 무지한 사람들이 대부분인 것이 현실이다.

지금은 많은 대학들의 평생 교육원과 각종 문화 센터에서 풍수지리에 대한 강의를 듣는 국민들도 많고 수를 헤아릴 수도 없이 관계 서적들도 많지만 가장 핵심적인 진실과 궁금증을 풀어 주고 공감과 이해를 시켜 주는 데는 매우 미흡한 것 또한 사실일 것이다.

대부분의 사람들은 돌아가신 부모·조상과 살아 있는 자손은 사(死)와 생(生)으로 나누어지면서 모든 관계가 끝나는 것으로 생각하고 있지만 부모·조상과 자손 간에는 눈에 보이지 않는 동일 에너지 장(場) 속의 유일한 동일 유전자 물질 에너지의 특성 관계 작용이라는 원천적인 관계가 새로이 설정된다는 사실을 알지 못한다.

사람은 누구나 부모의 자식으로 태어나서 그 부모의 장사를 치르게 된다. 부모의 장사를 치르는 일은 자식으로서 마땅히 치러야 하는 가장 도덕적인 일일 뿐만 아니라 장차 태어날 후손들의 바탕과 눈에 보이지 않는 삶의 에너지원(源)을 만들어 주는 중대한 일이 되는 것이다.

그럼에도 불구하고 대부분의 사람들은 자신들의 의지와 신념으로 올바르고 합리적인 방도를 찾아 행하지 못하고 시대적 흐름이나 편리 목적에만 치우쳐 부모의 장사를 치르는 이들이 많은 것은 무척이나 안타까운 일이다.

관리가 어려운 여러 곳의 조상들 묘를 묵히지 않기 위해서는 그대로 집묘를 해야 할지, 화장을 하여 납골(納骨), 산골(散骨), 수목장(樹木葬), 평장묘(平葬墓) 등 어느 방도(方道)를 택해야 할지, 장소는 어떠한 곳을 선택해야 할지, 또한 부모님이 돌아가신다면 매장을 해야 할지 화장을 해야 할지 등의 중대한 일들을 결정하는 데에 도움을 주자는 것이 이 책이 목적하는 바이다.

다소 중복되는 부분도 있지만 이해하는 데 도움을 주고자 표현을 조금씩 다르게 하였으므로 읽고 또 읽어서 각자 합리적인 해답을 얻는 데 작은 힘이나마 도움이 되었으면 하는 간절한 바람이다.

마침 인연된 몇 분들의 체험담을 당사자들이 써 보낸 내용 그대로 옮겨 놓았으니 어려운 결정을 하는 데 도움이 되었으면 한다.

# 차례

산되어 동일한 에너지를 찾아가는 성질)이 되어 집합·생성·유지 특성(集合生成維持特性=
자신의 생명체를 유지함과 동시에 새로운 생명체를 만들기 위하여 에너지를 모아들이는 성
질)인 자손의 생명체를 찾아와서 자동적으로 결합되어 자손의 생명체 세포 활동에 관계 작
용을 하게 된다.


삼라만상은 인연(因緣)의 작용으로 생멸(生滅)한다. 인생도 이와 같다.


명당 혈장의 땅 정기는 자손들의 종자(種性因子) 개선을 위한 에너지 창고이며, 생명 활동을
위한 에너지 공급 창고이다.




혈장(穴場)을 형성하는 용맥(龍脈)은 호박을 열게 하는 호박 덩굴과 같다.


대한민국은 지금 풍수지리 혼돈(混沌)의 시대라고 할 수 있다.


명당의 땅기운은 화기(和氣)다. 화기는 인(仁), 의(義), 예(禮), 지(智), 신(信)의 오덕(五德)이
균형 있게 갖추어진 에너지이다. 진정한 명당의 땅기운을 받은 자손들은 화기(和氣)가 충만
하다.


땅은 우주 대자연의 일체 기운을 품고 있으면서 생명을 주고 자라게 한다. 천기(天氣 : 天機)
라고 하는 우주 천체의 기운과 열과 빛으로 생명과 생기를 주는 태양의 기운과 생명의 시작

이라고 하는 물의 기운과 동식물 등 일체 생명체가 숨 쉬지 않으면 안 되는 공기 등 일체의 생명 에너지를 품고 있다.


풍수지리는 자연 생명 에너지가 충만한 좋은 땅을 찾아서 용도에 맞게 활용하려는 자연 과학이다.


명당을 찾아 활용하여 능력있는 인재를 배출하거나 명당이 아니라면 화장을 통해 악성 환원 에너지를 줄이는 것이 차선의 방편이다.


명당 혈장이 아니면 화장이 차선책(次善策)이다.


동일 유전 인자인 죽은 재(부모 · 조상)와 산 재(자손)와의 관계를 밝혀내는 일은 의 · 과학자들의 몫이 아닐까?

# 명당과 조상과 자손

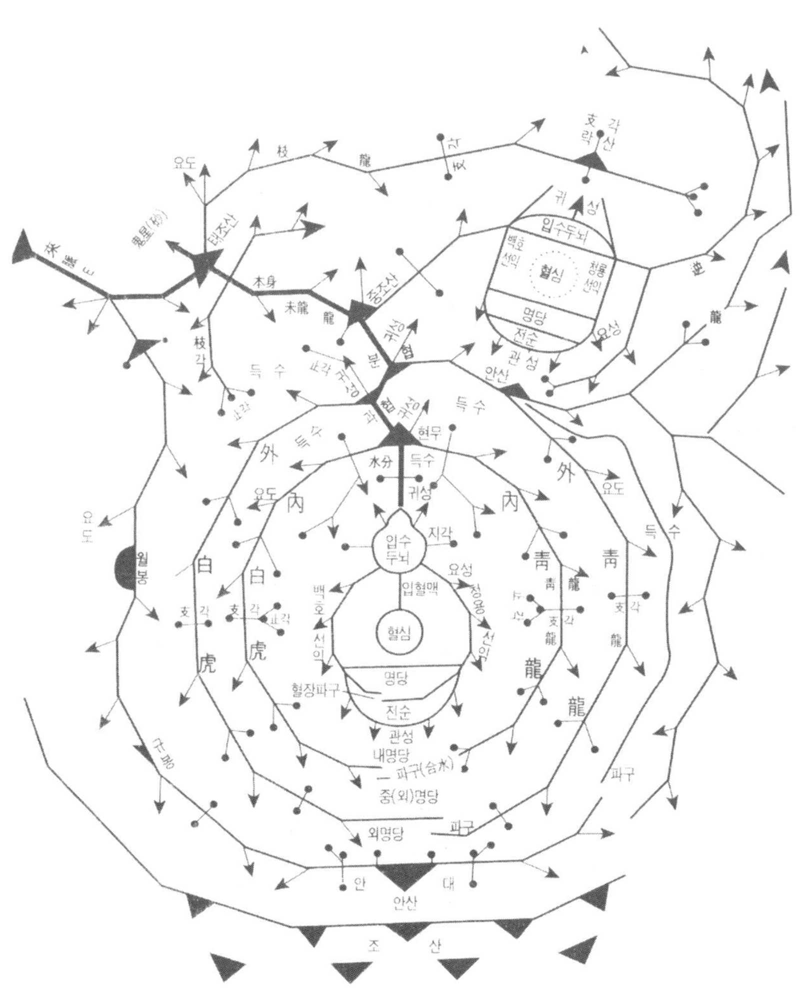

# 인생은 에너지 경쟁

인생은 그 자체가 에너지 경쟁(氣競爭)이다.

인생은 잉태(孕胎)되는 순간부터 경쟁이니, 인생이라는 그 자체가 경쟁이다. 어머니 뱃속에 잉태되면서부터 약 3억 대 1의 경쟁으로 시작하여 수준 있는 유치원 들어가기 경쟁, 사립 초등학교 입학 경쟁, 대학 입학 경쟁, 입사 경쟁, 진급 경쟁, 사업 경쟁, 제품 경쟁, 판매 경쟁, 아이디어 발명 경쟁, 운동 선수들의 경기 경쟁, 부모들의 자식 기르기 경쟁 등 인생에서 죽음 외에는 경쟁이 아닌 것이 없는 것 같다.

그러나 죽음도 진정한 경쟁의 끝은 아니다. 죽는다는 것은 '나'라는 현세(現世)의 한 삶의 사이클(一生의 週期) 경쟁이 끝났을 뿐이며, 나의 유전 인자에 의해 대대로 영원히 이어져 가면서 치러야 하는 나의 후손들의 미래 세계의 경쟁이 끝나지 않았기 때문이다.

인생은 그 유전 인자 에너지로 끝없이 영원히 환생(還生)한다. 즉, 나의 유전 인자 에너지는 나를 닮은 모습으로 대대로 이어져 이 세상에 태어난다. '나'가 죽고 나면 모든 것이 끝난다는 생각은 '에너지 불멸의 법칙(에너지보존법칙)'을 알지 못하고 인간이라는 존재 가치를 너무 짧은 자신의 한 삶(一生)에만 집착하기 때문이다.

인생에서 이 모든 경쟁의 목적은, 끝내는 사회가 필요로 하는 인재가 되어 출세하고 돈 벌어서 잘 먹고, 잘 입고, 좋은 일 하면서 활기차게 잘 살기 위한 것일 수밖에 없지 않은가. 이러한 모든 경쟁의 과정들은 남보다 나은 능력, 뛰어난 능력을 필요로 한다. 이 능력은 육체와 정신의 건강이 좌우한다. 육체와 정신은 그 어느 한쪽도 병들거나 허약함이 없이 균형적으로 건강해야 한다. 결국 능력은 건강에 좌우되고 건강은 선천적 및 후천적 에너지가 좌우한다.

그렇다면 어떻게 하면 건강한 에너지의 소유자가 될 수 있을까? 그 에너지는 바로 자연 환경이 가지고 있다.

인생은 자연인 땅에 발을 닿지 않고 살 수 없고(地氣), 자연 공간의 공기를 숨 쉬지 않고 살 수가 없으며(空氣), 자연이 제공하는 물을 마시지 않고도 살 수가 없다(水氣). 또한 태양의 빛과 열을 받지 않고서도 살 수가 없다(火氣). 이것을 대자연 생명 에너지라고 한다.

그러나 자연 속의 에너지라고 무조건 모두 인간에게 좋은 것만은 아니다. '사용하고 있는 터'의 자연 환경 조건에 따라서 인간 생명체에 강하게 간섭될 수도 있고 강하게 동조될 수도 있는 선과 악의 양면을 가지고 있다.

특히 우리나라는 선(線) 구조 산세 지형의 특성 때문에 산이 많고 골짜기가 많아서 '생활하는 터'나 '조상의 묘를 쓰는 터'에 따라 자연 생명 에너지의 선악 강약(善惡强弱)으로 인하여 사람에게 미치는 길흉의 차이가 그 정도를 예측할 수 없을 만큼 크기 때문에 누구든지 '용도에 따른 터의 선택'이 긴요하지 않을 수 없다.

노무현 전 대통령은 임기 마지막 기자회견에서, "이제 승부의 세계를 떠난다."고 하면서 행복한 여유로움을 보였다. 승부란 경쟁에서만 얻어지는 것이니 국가 최고 지도자의 자리에까지 오를 만큼 승리하게 된 그 경쟁의 과정은 얼마나 힘들었으며, 승리한 후에도 직무 수행과 그 자리를 유지하기에 얼마나 강한 에너지가 필요했을까.

생각하면 다시는 그런 경쟁에 뛰어들고 싶지 않았을 것이다. 그러나 승리는 상대적이므로 경쟁 상대보다 단 1%라도 강한 에너지를 소유한 자의 몫이다. 식물의 세계든 동물의 세계든 인간 세상이든 생명이 있는 곳은 경쟁이 아닌 곳이 없다. 삼라만상이 다 그러하지만 특히 생명체들은 더더욱 치열하다. 삶, 즉 생존은 그 자체가 경쟁이다. 경쟁의 세계에서는 그 에너지가 강한 자만

이 승리하고 살아남는다.

'나'는 오늘까지 그럭저럭 살아 왔지만 미래의 후손들의 강한 에너지를 위해서는 오늘을 살고 있는 나의 지혜와 의지와 노력이 필수다. 현재를 살고 있는 나는 미래의 후손들을 위해 무엇을 어떻게 하고 떠날 것인가를 고민한다면 내 후손들의 행복한 미래와 우리 민족의 복된 미래는 보다 크고 강하게 보장받을 수 있다고 확신한다. 고로 신이 우리에게 내려 주신 천혜의 땅 에너지를 용도에 맞게 선택해서 잘 활용하는 것이 최선의 방편이 될 것이다.

2008년 2월 21일, 조선일보사가 주최한 '아시안 리더십 컨퍼런스'에서 국가 경쟁력 1위의 밑거름이 된 핀란드 전 총리 아호는, "지도자는 당장의 고통을 각오하고 후손들이 따 먹을 수 있는 과실을 가꿔야 한다."고 역설했다. 이 말을 바꾸어 말하면 오늘을 살고 있는 어르신네들은 후손들의 번영과 행복을 위하여 힘들고 고통스럽더라도 미래 창조적인 일을 해야 한다는 말이다. "내일 지구의 종말이 온다 해도 한 그루의 사과나무를 심겠다."라는 철학자 스피노자의 말은 현재를 살고 있는 인생의 존재 가치와 책무를 무겁게 평가하는 그야말로 금과옥조 같은 명언이다.

그 많은 생명체들 중에서 백년대계(百年大計)나 만년지계(萬年之計)를 할 수 있는 지혜로운 동물은 우리 인간뿐이다. 특히 이 시대는 생활 전선에서 은퇴한 어른들이 계속 늘어나고 있어서 본의 아니게 죽을 날만 기다리는 모습으로 비쳐지기보다는 미래의 후손들을 위하는 일에 최선의 노력을 한 번 시도해 보는 것이 오늘날 어른들의 몫이 아닐까.

인생을 체념한 병든 사람이라면 어쩔 수 없지만 생각을 정리할 수 있고 육신을 움직일 수 있고 인생에 뭔가 풀지 못한 아쉬움과 여한(餘恨)이 사무치는 만년(晩年)의 인생이라면 핀란드 전 총리 '아호'와 철학자 '스피노자'의 사상을 교훈으로 삼아 후손들을 위하여 노력하면서 '일생(一生)의 사이클'을 마감한다면 아름답고 위대한 일생(一生)이 될 것이다.

부모의 육체적·정신적 에너지가 불균형하여 건강하지 않으면 자식들의 육체와 정신 에너지도 불균형하고, 땅속의 조상 에너지가 불균형하여 건강하지 않으면 후손들의 육체적·정신적 에너지도 역시 불균형하고 허약한 것이 진리이다. 한 인생의 에너지가 육체적·정신적으로 균형 있게 건강하기만 하다면 나와 내 가족을 행복하게 하고 나아가서 이웃과 사회와 전 국민을 행복하게 할 수 있을 것이다.

# 선인연을 악인연으로 만들지 말자

본래 선인연(善因緣)이던 부모·조상을 돌아가신 후에 악인연(惡因緣)으로 만들지 말자.—실화 첨부

할아버지나 할머니, 또는 아버지 어머니가 돌아가셔서 장사를 치르거나 또는 이장(移葬)을 한 후에 후손들의 집안에 크고 작은 좋은 일들이 생긴다던지, 반대로 크고 작은 나쁜 일들이 생기는 경우를 스스로 경험하거나 다른 집안들로부터 이야기를 전해 들은 경우가 종종 있을 것이다.

하지만 대부분의 사람들은 부모 사후에 일어나는 그러한 길흉(吉凶)의 일들이 생겨나게 되는 본질적 진실을 알지 못하고 다만 좋은 일이 생기면, "묘를 잘 썼나 보다." 또는 나쁜 일이 생기면, "묘를 잘못 썼나 보다." 하고 막연하게 생각할 뿐이다.

그래도 조상과 자손과의 관계에 대하여 이 정도라도 근접 이해하고 있는 사람은 아예 부정적이거나 생각조차 하지 않는 사람에 비하면 그나마 다행이고 차원이 높은 상식자라 할 수 있겠으나, 의외로 이러한 사실에 대하여 부정적이거나 짐작도 못하는 사람들이 많다.

현대 물리학(物理學)에 의하면 존재(存在)하는 일체(一切)의 물질(物質·物體)은 그것의 특성적 에너지(氣)가 있고, 그 특성적 에너지는 특성적 에너지 파장(波長)을 발산하며, 또한 그 특성이 같은 물질 에너지 파장끼리는 진동수(振動數)가 같기 때문에 자연적으로 서로 만나 공진(共振)을 한다고 정의(定義)하고 있다. 물리학자들의 물질 에너지에 대한 이 같은 정의는 우리 인간에게도 예외일 수가 없다. 왜냐하면 우리 인간의 육신 역시 물질 원소(物質元素)가 모여서 이루어진 하나의 물체이기 때문이다.

부모·조상의 에너지와 자손 에너지와의 관계 작용을 예로부터 전해 내려오는 풍수 용어에서는 친자 감응(親子感應)이나 동기 감응(同氣感應)이라는 용어를 사용하여 다소 추상적(抽象的)으로 표현하고 있지만 현대적 용어로 풀이하자면 '친자(親子)'란 부모와 자손은 그 '유전 인자가 동일하다'는 뜻이고 '동기(同氣)'란 물질 에너지가 동일하다는 뜻이며 '감응(感應)'이란 두 에너지가 서로 만나 교감(交感)되어 공진(共振)한다는 뜻이 된다.

즉, 부모·조상과 자손은 그 유전 인자가 같기 때문에 육신을 이루고 있는 물질의 특성이 같으며, 또한 육신의 에너지 파장 특성도 같기 때문에 비생명체(非生命體) 에너지의 이산(離散) 특성인 부모·조상의 유골에서 발산되는 에너지 파장이 에너지의 집합(集合) 특성인 자손의 생명체(生命體) 에너지에 자동적으로 교감되어 공진한다는 사실이다.

문제는 이렇게 자손의 생명체 에너지에 교감·공진하는 부모·조상의 에너지가 동조 공진(同調共振)되느냐, 간섭 공진(干涉共振)되느냐에 따라 자손들의 정신적·육체적 건강을 강화 또는 약화로 변화시키기 때문에 동조되느냐 간섭되느냐에 따라 자손들의 건강의 척도가 질(質)로 이어져 길과 흉으로 갈라놓는 것이다.

동조 공진(同調共振)을 하게 되면 당연히 자손들의 생명체 세포 활동을 상승 강화시켜서 정신적·육체적 기능을 극대화하여 사고력, 판단력, 결단력, 활동력 등이 정확하고 원활하게 되므로 성공적인 인생살이를 이루어 나갈 것이고, 반대로 간섭 공진(干涉共振)을 하게 되면 당연히 자손들의 생명체 세포 활동을 하강, 약화시켜서 정신적·육체적 기능을 극소화하여 사고력, 판단력, 결단력, 활동력 등을 오류와 위축시킴으로써 부실하거나 실패한 인생을 살게 되는 것이다.

그러므로 부모·조상의 육신에서 발산되는 에너지는 자손들의 정신적·육체적 건강과 강하게 직결된다는 물질 에너지의 원초적 법칙(原初的法則)을 이해하게 된다면 부모 사후의 유해에 대한 예우를 어떻게 해야 할 것인가에 대한 확답이 나오는 것이다.

"그렇다면 자손이 잘되자고 부모·조상을 좋은 곳에 잘 모시자는 것이냐?"라는 직설이 나올 수 있으나 이런 생각은 옹졸하고 단편적인 생각이다. 우리 인간에게는 동물들이 갖지 못하는 효심(孝心)이라는 것이 있고, 효도는 자손이 건강한 삶을 살지 못하면 불가능하다.

생전에 부모의 몸과 마음을 편안하게 모시는 것만 효(孝)가 아니고, 돌아가신 후에 그 체백(體魄)과 영혼(靈魂)을 편안하게 해 드리는 것과 부모·조상의 은혜를 자손 대대로 이어 영원히 추모케 하는 것까지 효에 포함되는 것이다. 우리 인간에게 효라는 도덕 의식이 없다면 동물과 무엇이 다르랴.

우리 자손들은 조상 대대로 그 조상으로부터 유전 인자를 이어받아 왔고, 이 지구가 멸망(滅亡)할 때까지 영원히 이어져야 하기 때문에 효(孝)는 영원히 이어져야 하는 것이다. 효(孝)는 삶의 근본이며 선행(善行)의 근원이다. 효(孝)를 하기 위해서는 그 자손이 건강하고 가치 있는 삶을 살아야 하고, 건강하고 가치 있는 삶을 위해서는 부모·조상의 유해를 편안하게 잘 모셔야 한다. 생전과 사후를 막론한 효(孝)는 우리 인간만이 가진 미래에 대한 희망과 설계인 것이다. 미래에 대한 희망과 설계가 없다면 동물과 무엇이 다를까.

부모·조상과 자손은 근원적으로 선인연(善因緣) 관계인데 부모·조상이 돌아가신 후에 주로 그 자손의 무지로 인하여 유해를 잘못 모시게 되어 간섭 공진(干涉共振) 에너지가 나오게 됨으로써 자손 스스로가 본의 아니게 부모·조상을 악인연(惡因緣)으로 만들어 버린 결과가 되는 것임을 명심해야 할 것이며, 돌아가신 부모·조상을 선인연(善因緣)으로 만들거나 악인연(惡因緣)으로 만드는 일은 전적으로 살아 있는 자손의 책임임을 명심해야 한다. "비록 돌아가셨어도 부모인데 어찌 자손을 해롭게 할 수 있느냐?"라고 말하는 사람들이 많지만 살아 있을 때는 마음이 육신을 움직이게 하지만 돌아가시고 나면 마음, 즉 영혼이 육신을 움직이게 하지 못하는 진리를 알지 못하기 때문이다.

마음과 육신이 분리되는 것이 죽음이므로 아무리 자식을 사랑하고 돕고 싶어도 영혼은 자신의 죽은 육신을 움직이게 하지 못한다. 돌아가신 후에는 오로지 부모·조상의 육신에서 발산되는 에너지가 자손 육신의 생명체 세포 활동에 작용하여 정신적·육체적 건강을 변화시켜 길(吉) 또는 흉(凶)으로 나타나도록 할 뿐이므로 돌아가신 부모(父母)의 육신(肉身)을 편안하게 모시면 그 영혼(靈魂)도 편안하고, 따라서 자손의 몸과 마음도 편안하고 건강하게 되어 성공적이고 가치 있는 인생을 살게 된다는 진리를 깨우쳐야 할 것이다.

흔히 있는 일로서 조부모 또는 부모가 돌아가신 후에 자손들이 예기치 못하게 손재, 파산, 질병, 인사 사고, 불화 등 각종 우환을 겪는 경우가 허다하게 있다. 무슨 원인인지 알 길이 전혀 없어 불안하고 근심스러워서 점을 보고, 굿을 하고, 혹시나 산소 때문이 아닌가 하며 산소에다 무슨 비방이나 처방을 해보기도 하지만 자손들의 불안, 초조, 우환은 계속되고 마지막엔 종교에 의지하기도 하지만 부처님도 하느님도 정신적 위안은 줄 수 있지만 실질적인 불행을 멈추게 해주진 않는다.

자손들이 계속적으로 우환에서 벗어나지 못한다면 반드시 어떤 강력한 나쁜 간섭 에너지가 영향을 주기 때문이다. 만약 아주 나쁜 집터로 이사를 하지 않았다면 그 원인은 반드시 돌아가신 조부모나 부모의 음택 터에 있다.

자손들의 무지로 본의 아니게 부모·조상을 흉지에다 모신 결과 살아생전에는 자식을 위하여 자신의 뼈와 살을 아끼지 않은 선 연분(善緣分)이던 부모·조상의 육신의 에너지가 악 연분(惡緣分)으로 돌변하여 자손들의 생명체인 육신의 에너지를 간섭 공진함으로써 자손들은 불행해지고 결국은 멸망하게 되는 것이다.

다른 분야는 잘 모르지만 내가 아는 이 분야에 대해서는 자손들의 무지로 인해 돌아가신 후의 부모·조상을 악인연으로 만들게 되어 갖가지 우환을 당하다가 천신만고 노력한 결과 본래의 선인연으로 되돌려 놓게 되어 자손들의 불행이 멈추게 되고 집안의 안정과 행운을 찾게 해준 보람된 일들이 많지만 직접 체험담을 글로 적어 투고해 준 몇 분들의 실화 몇 토막을 그대로 실어 독자들에게 참고가 되도록 소개한다.

〈사례 1〉

첫 번째 글을 보내 온 분은 본명을 밝히기가 좀 쑥스러웠는지 제자 '대길(大吉)'이라고 가명을 쓴 분이다. 대길 씨가 처음 필자의 강의실로 찾아와서 만났을 때 인상은 무엇인가에 엄청나게 많이 놀라고 화급하게 쫓기고 당황스러운 그런 모습이었다. 잠깐 대화를 나누면서 그의 인성과 인품을 살펴보니 학식, 경력, 자존심 등이 보통이 넘는 수준급의 품격이 숨어 있었다. 고향의 선산(先山)에 갔더니 수백 년 동안 조상들이 묘를 쓸 만한 좋은 곳은 다 사용했다고 했으나 내가 보기에는 제일 좋은 명당만 남아 있었다. 어머님을 그곳으로 모신 후 대길 씨는 한 달도 되지 않아 나날이 그 얼굴색이 밝아지고 눈빛과 인상이 안정되어 갔다. 같이 공부하던 제자들도 대길 씨의 그러한 변화에 모두 놀랐고 부모·조상의 에너지와 자손의 생명체 에너지 간의 관계 작용을 또 한 번 확인하는 계기가 되었다.

다음은 대길 씨의 체험담이다.


나와 심산(心山) 선생님과의 인연은 지금으로부터 약 2년 반 전인 2006년 9월경에 시작되었다. 그 인연은 약 한 달 전 황소같이 건강하던 우리 집안의 기둥이던 막내 동생이 45세를 일기로 손 한 번 써 보지 못하고 폐암이라는 병명을 확인한 지 3개월 만에 우리 곁을 떠나가고, 또 사촌 동생이 54세의 나이로 자다 말고 급사하는 일이 있은 직후였다.

대학을 졸업하고 사회에 진출한 나는 사내에서 선망의 대상이 될 정도로 승승장구 하던 중 정신병자와도 같은 상사를 만나 30대 초반에 모든 것을 포기한 채 직장을 그만두고 여러 가지 사업을 해보았으나 모두가 시작을 안 한 것보다 못한 결과만 남았다. 또 결정적인 사건은 결혼 후 집사람과 빈손으로 시작하여 안 입고 안 쓰며 모은 전 재산(1996년 당시 시가 기준 약 15억 정도)을 건설업을 하는 친구의 부탁으로 보증을 서 준 일 때문에 하루아 침에 날려 버리고 체납자 및 금융 부적격자로 사회생활마저 막혀 버렸다.

그 후 세상을 원망하며 아내에게 얹혀 하루하루를 힘겹게 살아가고 있었으며 최고 학부를 나온 동생 셋 또한 회사를 그만두게 되고, 사업을 하는 족족 모두 파산이었다. 게다가 가족들은 모두 신병으로 고생을 하였다.

그 당시에는 왜 이런 일들이 우리 집안에 생기는지 도무지 이해가 되질 않았다. 그러던 중 문득 운명이라는 것이 과연 있을까 하는 생각이 머리를 스쳐 지나가면서 '선조의 유택에 무슨 문제가 있는 것은 아닐까?' 하는 생각이 들어 도서관으로 가서 풍수지리에 관한 책을 찾았다.

몇 권의 책을 읽으면서 저자로부터 직접 강좌를 들으면 더 이해가 빠를 것 같아 책의 저자를 찾던 중 ≪한국의 특성에 맞는 터와 명당≫의 저자이신 심산 선생님과 인연이 되었던 것이다.

직접 강의를 듣던 중 선생님께 상의를 드려 선산의 감정을 해 보았다. 증조부 때에는 천석을 한 집안으로 선영들이 모두 명당 중의 명당일 것으로 자부를 하고 있었지만 막상 감정을 한 선생님의 평가는 모두 절망적이었다. 증조부의 산소는 천석이 아니라 만석꾼이라도 하루아침에 빈털터리가 되는 흉지 중의 흉지이며,

그 아래 모든 자손은 시작은 있으나 끝이 없다고 하시고, 특히 어머니의 산소로 인하여 막내가 급사하였으며 십중팔구 어머니 유해는 물속에 잠겨 계실 거라고 하셨다. 또한 조부모님들도 마찬가지라고 하시면서 이장을 권하셨다. 정말 역장이 무너졌다. 팔십 노부에게 말씀을 드렸더니 노발대발 하시면서 일언지하에 이장은 안 된다고 하셨다. 정성을 다하여 권하고 권하여 이장을 허락받아 어머니 산소를 파묘해 보니 정말 물속에 계셨다. 그때의 황당함이란……

남한의 팔대 명당 중의 하나라는 조부모님의 산소도 마찬가지셨다. 결국 증조부님의 산소는 집안 어른들의 반대로 이장을 못해 드리고, 조부모님은 보완을 하고, 어머님은 선산 중 어머님의 복으로 영면하실 곳으로 모셨다. 그래서 그런지 이장을 하고 약 보름 후, 어머님께서 돌아가신 후 몇 차례 꿈에서는 항시 땀에 흠뻑 젖어 힘없이 앉아 계시는 꿈만 꾸었으나 71세 때 돌아가신 어머니가 29세 때의 젊고 건강하신 모습으로 활짝 웃으시는 꿈을 꾸었다. 납골당에 안치한 막내 동생도 선생님의 주선으로 어머님 가까이에 유택을 별도로 잡아 이장을 하였는데 이장 하루 전 나의 둘째 제수씨 꿈에 사모관대를 정제하고 말을 탄 채, "형수, 나 이제 내 집으로 갑니다."라고 하였다고 한다.

그리고 이장한 지 약 일주일 후 태권도 5단으로 25세인 내 아들이 꿈속에서 건강한 모습으로 삼촌과 태권도 대련을 하며 즐겁게 놀았다고 하였다. 생각해 보면 참 신기한 꿈들이다.

요즘은 나도 새 직장을 얻고 가족들이 모두 건강하며, 아들은 조그마한 사업을 시작하는 등 즐거운 일들이 많이 생기고 있으며, 마음이 그렇게 편안할 수가 없다.

심산 선생님의 강의 중, "풍수지리는 미신이 아니라 과학이며, 명당은 우주의 천기와 지기가 뭉쳐 만들어진 에너지의 결정체다."라고 하신 말씀이 생각난다. 우리 집안에 화평을 주신 심산 선생님께 두고두고 감사드릴 일이다

2009. 2. 2(월)

제자 대길

### 〈사례 2〉

두 번째 글을 보내 준 분은 '경북 영천의 50대 중반의 사람'이라고 긴 가명을 사용했다. 이 학문의 진리를 실체로 체험하고 미신이 아니라 자연 과학이라고 스스로 신념을 가지고 배우고 연구까지 하면서도 글로써 외부에 알려질 때는 자신의 본명을 나타내기를 모두가 하나같이 꺼려한다.

지위 고하를 막론하고 부모·조상 산소를 이장한 이후에 집안 자손들의 좋은 변화를 많이 체험하면서도 대부분 사람들이 외부에 실명으로 알려지는 것은 싫어한다. 아마 이러한 사연들이 이 학문을 밝고 올바르게 발전하지 못하게 하는 큰 원인 중의 하나인 것 같다.

아무튼 '경북 영천의 50대 중반의 사람'인 이분의 정신과 체격

은 한마디로 근면, 성실, 정직, 효심과 희망으로 똘똘 뭉쳐진 사람이라는 첫 인상이었다. 그런데 아니나 다를까, 이장을 하는 날이 2월 말경으로 따뜻한 날씨였는데 아버님의 유골을 집에서 자신이 덮고 자는 이불로 감싸서 자신이 안아 모시고 오는 것이었다. 20여 년 동안을 현장에서 그 자손들의 거동과 정신을 늘 봐왔지만 이렇게 지극 정성인 자손은 처음이었다.

그 이후에 사제 간의 인연을 맺어 3년여를 꾸준히 공부하더니 이제는 어떤 전문가에게도 뒤지지 않을 실력자가 되었다. 20년이 다 되어 가는 강단 생활 가운데 수많은 수강생들 중 처음으로 보람을 느끼게 해준 제자가 되었다.


저는 경상북도 영천에 살고 있는 50대 중반의 사람입니다. 제가 심산(心山) 이익중 선생님을 만나게 된 동기를 간단하게 독자 여러분께 소개할까 합니다.

저희 아버님은 1992년에 향년 77세로 세상을 떠나셨습니다. 여느 집안과 다름없이 산에 정성껏 모셨습니다. 그런데 아버님이 돌아가시고 1년 정도의 시간이 지나 가을쯤 되니 이상하게도 꿈을 꾸면 한 달에 수차례씩 소가 나타났습니다. 꿈의 내용은 이렇습니다.

제가 우시장에 가서 소를 사 와서, "빨리 키워 시장에 팔아서 이윤을 남겨야지."라고 생각했는데 이상하게도 소가 살이 찌지 않고 오히려 더 작아지기만 하고 시간이 가면 갈수록 소는 점점 더 작아지면서 눈물을 '뚝뚝' 흘리고 있었습니다. 그렇지 않으면 소가 외양간의 질퍽한 곳에 누워 있었습니다. 이 두 가지 꿈을 한 달에도 몇 차례씩 꾸곤 했습니다. 꿈에 소가 나타나면 그 날은 이상하게도 좋게 넘어가는 일이 없었습니다. 집안에 꼭 시끄러운 일이 생기거나 그렇지 않으면 부부 싸움을 해야 넘어가기도 했습니다.

저는 이상하게 생각하여 이와 같은 꿈을 꾸는 날은 식구들에게 오늘 조심하라고 얘기를 했지요. 가족 모두가 조심을 해도 항상 일이 꼬이곤 했습니다. 저희 8남매 중 저와 누님 두 명만 흉몽을 꾸곤 했습니다. 누님들은 아버님이 황톳물에 빠져서 허우적대는 꿈을 몇 번 꾸었다는 것입니다.

이때부터 제 마음속에는 항상 걱정거리가 되었습니다. 동생이 영천 경찰서 교통과에 근무할 무렵이었습니다. 자동차로 순찰을 도는 중에 길이 확 트여서 차도로 들어갔는데 차가 도로 밑바닥에 떨어지더라는 것입니다. 이때 우리 집에 와서 이상하다고 하고 갔는데 며칠 후 자동차 과속 단속을 하던 중에 승용차가 동생을 덮친 겁니다. 다행히도 동생은 별 다친 데 없이 괜찮다고 했습니다. 그리고 다음 날 동생이 근무를 마치고 경찰서로 들어가던 중 교통사고를 당했다는 연락을 받고 병원에 도착하니 벌써 동생은 이 세상 사람이 아니었습니다. 참으로 하늘이 무너지고 땅이 꺼지는 느낌이었습니다. 이 글을 쓰는 저는 상상조차 하기 싫은 1996년 12월 중순의 일이었습니다. 이때부터 저의 마음

속에는 병이 생겼고, 집안이 이렇게 허무하게 되는 꼴을 본 후 방황을 하게 되었고 매일매일 동생 생각을 하며 보내게 되었습니다. 이때부터 아버님의 산소에 대해 다시 생각해 보게 되었습니다.

저의 주변에 있는 대학 도서관, 시립 도서관, 서점에 있는 풍수지리 책을 죄다 보게 되었습니다. 그런데 마음에 와 닿는 책이 없었습니다. 심지어 풍수지리에 능하다는 서울의 지관과도 통화를 해보기도 했습니다. 박 지관이라 칭하겠습니다. 통화를 해보았지만 마음에 들지 않았습니다. 이때 아버님 산소를 이장하기로 마음먹고 산 구하기에 열중하였습니다. 시간이 지나 연락이 와 지금의 아버님을 모시게 된 산에 가 보니 마음에 들어, 가족 몰래 3일 만에 구입하게 되었습니다.

아버님 산소를 이장하기로 마음을 먹고 몇몇 지관님을 모시고 감정을 해보고 고민을 하던 중 심산 선생님의 책 ≪터와 명당≫과 ≪길한 터 흉한 터≫를 보고 마음에 와 닿아 심산 선생님과 통화를 한 뒤 저희 아버님 산소 감정을 받기로 약속을 했습니다. 3일 후 심산 선생님을 만나 옛날의 아버지 산소를 감정한 결과 흉지에다 절손지이며, 또 수분이 많다고 말씀하셨습니다. 거기에다 저의 동생 일도 아버님의 산소의 영향을 많이 받았다라고 말씀하시기에 깜짝 놀랐습니다.

이렇게 감정을 마친 후 구입한 산에 가서 감정을 하니 좋은 자리라 하시면서 한 자리를 점지해 주셨고 빨리 이장하기를 권유하셨습니다. 그 해에 이장을 하려니 집안에 연운이 맞지 않아 1년을 미루어 2005년 2월에 심산 선생님과 의논하여 날을 받아 이장을 했습니다. 파묘를 해보니 수분이 많아서 유골이 새까맣게 상해 있었습니다. 1년여 동안 아버님 유골이 물과 씨름하셨을 것을 생각하니 너무 안타까웠습니다. 선생님 말씀을 듣고 바로 이장을 했더라면 아버님 유골이 고생을 조금이나마 적게 하셨을 거라 생각하니 마음이 너무 아팠습니다. 1년 전에 심산 선생님께서 빨리 이장을 하라는 말씀을 실감하게 되었습니다.

이렇게 해서 이장을 마치고 나니 소가 꿈에 나타나지 않아 신기했습니다. 저녁에 잘 무렵, 전에 꾸던 꿈을 생각하며 잠자리에 들어도 전혀 꿈에 소가 나타나지 않았습니다. 누님에게 물어 보니 저와 같이 마음이 편안하며 꿈에 아버님이 나타나지 않는다고 했습니다.

여기서 제가 한 가지 더 얘기를 한다면 이장 후 3일간 아주 좋은 꿈을 꾸었습니다. 제가 여태까지 상상도 못하던 꿈을 꾸었는데 제 마음이 너무도 개운했습니다. 여기서 제 꿈 내용을 말할 수 없는 것을 독자 여러분께서 양해해 주시길 바랍니다. 이 꿈은 아직까지 저만 알고 있는 비밀입니다.

이렇게 해서 저는 심산 선생님의 학문을 높이 평가하게 되었습니다. 저도 풍수에 관심이 많아 보통 지사들을 많이 보아 왔지만 선생님의 산을 감정하는 모습은 보통 지관들과는 전혀 달랐습니다. 저는 선생님의 학문을 배울 수 있게 해주실 것을 부탁드

렸고 선생님의 제자가 되었습니다. 이장 후 저희 집안은 심산 선생님의 은덕으로 모든 일이 제 갈 길을 가고 있으며 안정이 되었습니다. 흉한 꿈도 전혀 없어졌습니다.

요즘같이 반풍수가 들끓는 세상에 심산 선생님 같은 풍수의 원리를 꿰뚫은 분은 없으시며, 선생님과의 인연은 보통 덕이 아니라고 생각합니다. 저희 가정과 같이 어려움에 처해 있는 가정이 많이 있는 것으로 알고 있습니다. 하루 빨리 조상님의 산소를 점검해 볼 필요가 있습니다. 독자 여러분께서도 심산 선생님처럼 풍수의 대가를 만나 집안에 좋은 일이 가득 하시길 바랍니다.

〈사례 3〉

세 번째로 도착한 체험담을 읽은 필자는 2004년 초가을 임주석 사장의 선산을 감정하러 갔던 때의 눈앞에 펼쳐진 안타까운 광경이 선명하게 떠올랐다.

20여 만 평이나 된다는 문중 산의 일부분에다 공원묘지를 조성해서 멀리 있는 조상 산소와 관리가 힘든 조상 산소들을 모두 이곳으로 이장했으며, 이후에 돌아가신 일가 분들을 모두 이곳에 장사 지냈다고 했는데 한마디로 물구덩이 진창이었다.

필자는 첫마디로 이 공원묘지를 조성한 지가 얼마나 되었느냐고 물었더니 20여 년이 됐다고 하기에, "세월이 그 정도로 흘렀으면 70~80%의 일가들은 어려움을 겪을 텐데요."라고 했더니 임 사장의 사모님이, "내가 아는 일가들은 한 사람도 잘되는 사

40

람이 없어요."라고 했다. 자신의 부모님도 직계 조상 3대를 이곳에 이장 후 꼭 10년 만에 암으로 인하여 연이어 차례로 돌아가셨다고 한다.

전국을 다녀 보면 가족 묘지, 공설 공원묘지를 많이 볼 수 있었지만 '문중 공원묘지'의 경우는 처음이자 마지막이었다. 조성 공사를 제대로 하지 못해서 물구덩이 진창인 데다가 다른 곳이 있는데도 불구하고 하필이면 산수 동거(山水同居) 하는 산의 옆구리와 골짜기에 골바람까지 받으니 이보다 더 악조건이 있을까 하는 안타까움을 금할 수 없었다.

상당한 거리의 포장된 진입 도로와 관리인용 주택, 기타 건축 시설과 어렵게 당국의 허가를 얻어 문중의 숙원 사업을 실행할 수 있었던 그 당시 일가 분들의 재력, 인맥, 화목, 단결력은 대단했음을 짐작케 했다. 그러나 한 세대인 30년도 편안히 넘기지 못하고 지금은 예전 같은 문중의 능력은 온데간데없고 화목하기마저 어렵게 된 상태라고 한다.

후손들의 조상 산소 관리의 편의성 추구와 가문의 번영을 위하여 노심초사하던 당시의 일가 어른들은 이미 고인이 되어 그분들도 자신들이 만들어 놓은 그 속에 잠들어 말이 없으니, 잘하노라고 했지만 이 방면의 무지로 인한 시행착오로 오히려 후손들에게 고통만 안겨 주는 결과가 되고 만 것이다.

필자의 소견으로는 지금이라도 일가 어른들이 합심하여 특단의 개선 조치를 한다면 어느 정도 집안이 안정되고 더 이상 황당한 후손들의 피해는 상당히 막을 수 있을 것이다.

흉지에서 고생하던 부모·조상을 편안히 모신 후에 자손들이 안정되고 편안해져서 흡족해 하면서도 자신의 신원을 밝히기는 유난히도 꺼리는 것이 이 분야인데도 자신과 유사한 고민을 하는 분들을 위해서 과감하게 자신의 본명마저 밝혀 준 임주석 사장의 사려 깊은 보시 정신(普施情神)을 더없이 고맙게 여긴다. 임 사장의 효심과 넓은 안목으로 삶에 걸림돌이 되던 부모·조상의 간섭 에너지를 개선하게 되었고 지금은 두 업체를 잘 운영하고 있으며, 임 사장 부모의 직계 가족들은 안정되고 편안한 희망적인 발전을 하고 있다고 하니 정말 보람을 느낀다.

이 일은 2004년 12월 1일 이후부터 불과 5년 이내에 일어난 일이다.


저는 충남 논산에 사는 임주석이라는 사람입니다. 처음에 이 글을 쓰는 것에 대해 많은 생각을 하게 되었습니다. 이유는 저의 사례를 읽어 보시는 분들이 어떻게 생각하실지, 그리고 어떠한 영향을 미칠지에 대한 의문이 들었기 때문이었습니다. 하지만 글을 쓰는 것이 유사한 고민을 하시는 분들에게 참고의 글이 될 수 있으며, 모르고 하지 않으면 그만이지만 알고 있는 사람이 권하거나 직접 실행할 수 있다면 그것은 그분의 복이 될 수 있다는 믿음이 작용하였습니다.

제가 살아온 과정 속에서 실제 경험한 사례와 이익중 선생님과의 만남과 산소 이장을 통해 변화되는 생활의 안정을 말씀드리고 이장을 고민하시는 분들에게 귀감이 되어 드리고자 글을 쓰게 되었습니다.

저는 시골의 꽤 유복한 가정에서 태어났습니다. 젊은 시절 군에서 제대한 후 직장 생활을 하다 정부로부터 택지 개발금 보상을 받게 되었고 이를 밑천으로 사업을 하였습니다. 당시에는 이미 양친 모두 돌아가신 상태였고 종중에서 운영하는 공원묘지에 두 분을 합장한 상태였습니다. 사업을 시작한 이후 한 동안은 사업이 잘되었고 별다른 걱정 없이 생활을 하였습니다.

하지만 사업과 자금적인 부분은 안정적이었으나 급작스럽게 건강에 문제가 발생하여 8시간에 걸친 대수술을 받게 되었습니다. 당시에는 '무엇인가 이상하다.'는 생각을 하지 못했습니다. 수술 이후 안정적이던 사업 운영은 여러 외부적인 상황으로 인해 타격을 받게 되고, 매우 어려운 생사의 기로에 서게 되었습니다. 현금과 부동산이 어떻게 없어지는지도 모르게 새어 나갔으며 앞으로 어떻게 살아야 될지 모르는 상황이 지속되었습니다. 좋지 않은 상황이 계속되자 저는 술로 지새는 날이 잦아졌습니다.

이러한 상황 속에서 정말 우연히도 가까운 지인으로부터 이익중 선생님의 이야기를 듣게 되었고 선생님의 저서인 ≪길한 터 흉한 터≫라는 책을 선물 받았습니다. 그래서 그 책을 읽고 난 다음 과연 그런가 하는 마음을 갖게 되었고, 반신반의하며 풍수지리라는 학문에 관심을 갖게 되었습니다. 그리고 가까운 지인한 분이 선생님을 초청하여 저의 조상 산소를 한 번 검증해 봤으면 좋겠다는 제안을 해 왔습니다. 그러나 그 당시에는 그런 경비조차 엄두도 못 낼 처지였습니다. 하지만 우연찮게 선생님이 오시게 되었고 산소 검증을 하게 되었습니다.

선생님께서는 감정을 하시더니, "매우 좋지 않은 자리이며 반드시 이장을 해야 한다."고 결괴를 말씀하시는 것이었습니다. 하지만 경비를 조달할 수 없어 차일피일 미루게 되었고 결정을 유보하였습니다. 이후 얼마 동안의 시간이 지난 뒤 선생님으로부터 전화가 왔습니다. "돈이 없으면 그냥이라도 해주겠다. 이장을 해야 사람도 살고 사업도 잘되기 때문에 그렇게 되기 위해서라도 꼭 이장을 해야 된다."고 하셨습니다. 이후 저는 결심을 하게 되었고 저희 형제(4남 1녀)들과 이장에 대한 제 생각을 상의하였습니다.

그러나 엄청난 반대에 부딪치게 되었고 그렇다고 이제는 그냥 있을 수 있는 처지도 아니었기에 저 혼자 굳게 결심을 하고 선생님께 결심을 밝히고 이장을 결행하였습니다. 하지만 저는 그때까지만 해도 확신을 가지지 못했습니다. 이유는 제 행동에 대한 명확한 대답을 가질 수 없었기 때문이었습니다.

이런 저의 불확실감으로 인한 혼란스러움도 파묘를 하는 순간 제 판단이 정확했었다는 것에(저보다는 선생님의 생각이었지만) 대한 대답을 확인하게 되었고 저는 안도감을 느꼈습니다. 눈에 보이지 않는 땅속이지만 처참한 유골을 보는 순간 저희 부모님과 조상님에 대한 죄송스러운 생각에 한동안 넋을 잃었습니다. 이후 이

틀에 걸쳐 부모님과 조부모님의 산소를 이장하였습니다.

이장을 한 지 3개월이 지나자 저희 형님께서 대기업 임원으로 진급을 하였습니다. 그리고 6개월이 지나자 저희 사업의 경쟁 브랜드인 K사와 M사 모두 자진 철수하게 되었습니다. 그래서 이 분야에서 저 혼자 사업을 하게 되었고 지금 이 순간까지도 계속 지속되고 있습니다. 현재는 생활도 안정을 되찾았고 많은 사채와 은행 빚도 깨끗하게 정리했습니다.

글에서 보시듯 저의 경험과 산소 이장, 그리고 부모님과 조상님을 편안히 모셔야 한다는 제 믿음은 옳다는 확신으로 자리 잡고 있습니다. 커다란 행운으로 다시 찾아왔다고 생각합니다.

저는 조상의 산소를 잘 모셔 발복을 한다기보다는 조상님을 편안한 자리에 모셔야 한다는 기본적인 사고방식이 있어야 한다고 생각합니다. 그래야 후에 복도 오고 생활의 안정도 올 수 있다는 지극히 평범한 사실 또한 알려드리고 싶습니다. 그리고 한 가지 중요한 사실은, 산소 이장은 참으로 신중하게 결정해야 한다는 것입니다. 풍수의 대가를 통해 이장을 실행해야지만 뒤탈이 없습니다.

여러 사람이 좋은 길을 찾아 선량하고 좋은 생각을 가질 수 있도록 하는 것이 제 바람입니다. 선생님의 앞날에 영광과 건강이 함께 하길 기원합니다.

2009. 7. 17<br>충남 논산에서 임주석

<시례 4>

　네 번째 체험담의 주인공은 스님이다. 불법에 귀의하여 승려가 된 동기는 각자 다른 갖가지 사연들이 있겠지만 이분은 전생의 인연이었다고 한다.

　청소년 시절부터 인생 문제에 대한 우비 고뇌(憂悲苦惱)가 많아 한때 교회를 다니기도 했으나 21세 때 우연히 어느 절에 가게 되어 법당에 잠깐 앉았다가 상상할 수도 없는 이상한 영적인 체험을 했다고 한다. 지금 생각해 보면 그때 진작 출가를 했어야 하는데 세상살이에 대한 미련과 욕심을 버리기가 쉽지 않아 결혼하여 아이 낳고 살다가 태산보다 더 크고 많은 인생의 우비 고뇌를 안고 그때부터 20년이 지난 후에 뒤늦게 출가를 하고 보니 결국은 전생의 인연을 찾은 것이라고 했다.

　할머니가 간암으로 사망하시고, 아버지의 간암으로 인한 사망, 아우의 교통사고로 인한 사망, 그리고 자신은 태어날 때부터 병 치레와 여의치 않은 사회생활 등 불가항력적으로 닥쳐오는 인생의 우비 고뇌를 풀기 위해 출가를 했다고 한다.

　2006년 3월에 아버지 한 분을 이장했을 뿐인데 속가의 가솔들이 발전적이고 안정된 생활을 잘해 나가고 있으며 자신도 육체적 건강이 정신적 건강으로 이어져 나날이 발전하는 자신의 기도에 스스로 만족한 수도 생활을 하면서 속세의 고된 삶을 살아가고 있는 사람들을 위해서 무엇인가를 하겠다는 의지를 키워가고 있다.

인생은 영혼과 육신이 함께 하지만 종교적으로는 영혼의 영역을 참되게 관리하며 닦아 가는 과정이므로 물질 에너지의 작용 관계에 있는 사후의 부모·조상의 유해를 편안하게 모시는 것이 인생의 모든 영역에서 영원하고 진정한 행복을 찾을 수 있는 길임을 믿는다고 했다. 다음은 풍수지리와 인생에 대한 스님의 술회다.

사람이 살아가는 데 있어서 숙명과 운명에 가장 큰 영향을 주는 것이 무엇일까? 내 생각엔 인생 문제를 근원적으로 푸는 데는 두 가지 길이 있다고 본다. 조상을 명당에 모시는 길과 마음을 깨달아 진리의 길을 가는 것이다.

내가 자라 온 집안을 돌이켜보면 대체로 착한 성품과 선행을 해 온 집안이라고 늘 생각해 왔으나 현실적으로는 병고와 불의의 사고, 불화 등으로 우비 고뇌가 계속되어 이 문제들을 풀 수 있는 길이 없을까 고심해 오던 중 어느 지관을 만나 풍수에 관심을 갖게 되었으나 어설프고 분명치 않아 스스로 공부해 보고자 서점에 들러 관련 서적을 고르던 중 ≪길한 터 흉한 터≫란 책을 보고 공감되어 구입해 독학하며 묏자리를 살피던 중 저자이신 이익중 선생님과의 운명적 만남이 이루어져 부친을 새로 모시고 나서는 집안이 안정되어 가고 각자 원만한 생활을 이루어 가고 있다. 참으로 인연을 잘 만나야 한다. 풍수지리도 이제는 시대 흐름에 맞춰 과학적이고 합리적이어야 한다고 본다.

사람의 일생은 인연 따라 생로병사를 거치면서 육신은 물질 요소인 지수화풍으로 이루어져 물질의 법칙인 물리 화학 작용으로 유지 작용하고 마음은 공성으로 형상을 통하여 무궁무진한 변화상을 드러낸다.

사람의 뼈는 진화 유전 인자로서 땅에 묻히면 물리 화학적 변화를 일으켜 동기 감응으로 자손들에게 이롭거나 해로운 기운이 전달된다고 본다. 이 기운은 물리 현상으로서 주술이나 어떠한 방편(기도)으로도 돌리거나 끊어 낼 수 없다고 생각한다. 마치 스스로 지은 업은 남이 대신 소멸해 줄 수 없으며 결국은 근본 해결(이장, 화장)을 통해서만이 달라질 수 있다고 본다.

만물의 이치를 풀어내는 음양오행에 있어 합의 기운이 도모하는 일을 성사시킨다고 할 때 지상에서 합의 기운으로 이루어진 것은 혈장이라고 할 수 있다.

조상의 유골을 진혈에 안장하는 것은 바로 합의 기운을 득함이니 만사가 잘 풀리게 됨은 당연하다고 본다. 삼라만상은 자연 법칙인 연기와 인과를 벗어날 수 없고 지극한 정성과 현신만이 근본 문제를 풀 수 있다.

조상을 명당에 잘 모시고 좋은 기운을 받아 발복으로 부, 귀, 손을 이루면서 마음도 함께 닦아(공덕과 진리성을 추구하며) 영원하고 진정한 행복을 찾음이 최상의 길이 아닌가 생각해 본다.

휴담

<세례 5>

　다섯 번째인 이 사람은 20년이 가까운 세월 동안 필자의 강의를 수강하며 거쳐 간 수많은 수강생들 중 현재 필자 곁에서 이 학문의 진리에 푹 빠져 있는 서너 명 중의 한 사람이며, 부산대학교 평생 교육원에서 강의를 맡고 있는 필자의 조교이기도 하다.

　서울의 명문 대학의 대학원까지 나와 학교에 남아 달라는 지도 교수의 부탁마저 마다하고 좋은 직장도 팽개친 채 제 나름의 살기 좋은 세상을 한 번 만들어 보자고 노동 운동에 뛰어든 열혈 정의파였다고 한다.

　인연이 되어 조상 산소들을 다 돌아본 결과 이 사람은 전형적인 산의 뒷부분과 요도(橈悼)와 지각(止脚)에 쓰인 조상 산소의 에너지에 의한 선천적(先天的), 후천적(後天的)인 역성적(逆性的) 성격이 두드러진 사람이었다.

　머리가 좋긴 하나 사려가 깊지 못한 점, 일을 벌려 놓고 마무리가 제대로 안 되므로 시작은 있으나 좋은 끝맺음이 없는 용두사미 격인 점, 내가 하는 일은 절대 정의라는 고집과 희생 정신의 소유자이지만 실은 시대 환경의 역성적 영웅심이 작용한다는 점, 그리고도 주변들로부터 상부상조는커녕 등 돌림을 당하며 무원고립이 되고 마는 인생살이가 되는 등 평생을 물질적, 환경적, 정신적 안정을 갖지 못하고 인생의 온갖 쓴맛, 짠맛을 다 보면서 일생을 살아가게 된다는 점이다.

결국 나름대로의 인생의 쓴맛, 짠맛을 다 본 후에야 혼자 고립 무원이 되어 늦게나마 인생을 다시 시작할 수 있는 지혜를 터득하고 새로운 삶의 의지를 다지고 있는 50대 초반의 풍운남이다.

이미 타고난 선천 에너지인 기본 그릇은 바꿀 수 없지만 늦게나마 조부모와 부모를 상당한 조건을 갖춘 혈장으로 이장하여 편히 계시게 하였으니 그에 상응하는 후천 에너지에 의한 응분의 질적(質的), 양적(量的)인 인생의 열매를 담을 수 있게 될 것이다.


<이성수 씨의 사례 : 여기 있음이 내 의지인가?>

아버지께서 찾아오셨다!

곱고 환하게 웃으시면서……. 그런데 차츰 얼굴이 일그러지시더니 앙상한 뼈만 남으신다. 소스라치게 놀라서 깨어 보니 꿈이다. 돌아가신 지 34년 된 아버지께서 처음으로 보이신 모습이 이럴 수가…….

이 꿈 이후 항상 가슴이 답답하고 생생한 꿈 기억은 뇌리를 떠나지 않았다. 이 답답함은 끝내 90여 일 뒤 사랑하는 아내이자 도반이 운명을 달리하는 데까지 이르렀다. 결백증이라 할 정도로 다른 생명 아프게 하는 것을 싫어하고, 자기가 가진 것 중 좋은 것을 남에게 주기를 좋아했던 사람. 신혼 단꿈은 잠시뿐이었고, 희망의 탄탄대로를 버리고 노동 운동에 빠져 버린 나로 인해 갖은 고초를 겪어야 했고, 잡아가려고 뒤쫓는 수사 기관원들을 피해 도망 다니는 나를 따라 경북 봉화까지 가서 힘들게 농사짓고 자급하며 이제 겨우 안정되어 수행하는 기쁨으로 살아가려던 이 사람은 왜 이렇게 빨리 가야만 했나…….

텅 비고 애틋함에 가슴 답답함만 더해 갔다. 목표와 방향을 잃어버린 생활 속에 심신은 점점 허약해져 갔다. 아내의 첫 기일에 천도재를 마치고서야 그래도 딸에게 힘이 되어 줘야겠다는 생각이 들어 적극적으로 살기를 마음먹으니 보고 싶은 사람들이 뇌리에 스쳤다. 그중 특히 보고 싶은 한 사람이 있었는데, 이 사람을 25년 만에 만나게 되었으니 그 반가움이란 이루 말할 수 없었다.

그날 밤 꿈에 아버지께서 이 사람과 함께 꿈에 오셨다. 왜? 시간이 지나면서 살아온 얘기를 하던 중 풍수 이야기도 하게 되었다.

나의 풍수 인연은 20대 후반 국선도를 하면서 산에 갈 때 좋은 자리를 찾아 수련을 하기 위해 시작되었고, 30대 후반 봉화에 가서는 그 동네 이장님이신 지역 풍수가와 인연이 되어 도선국사의 10승지 중 한 곳이라는 구마 일주(九馬一柱)를 위시해 도화 낙지(桃花落地), 황우 도강(黃牛渡崗) 등 비기 명당 터를 찾아서 태백산을 2년 정도 돌아다녔으나 왠지 이치에 맞지 않는다는 생각이 들어서 중단하고 있던 차에 이 사람을 통해서 지금의 스승님과 인연이 맺어지게 되었다.

그해 가을에 스승님을 모시고 제비 형국이라 작은 암자 터로서는 너무 좋다고 했던 봉화의 살던 집을 보러 갔었는데, 멀리서 보시더니 산 뒤(背)에다가 요도 아래 지각이라신다. 기가 막히는 노릇이었다. 얼마 뒤 진주와 고성에 모셔진 6대 분까지 산소 감정을 갔었는데 반듯한 곳은 한 자리도 없다고 하신다. 눈앞이 아찔했다. 그래도 할아버지, 할머니 산소는 점수를 좀 받을 거라고 기대했었는데…….

잊혀 있던 집안의 비운의 상흔들이 눈앞에 펼쳐졌다. 고향 고성을 떠나 진주로 오신 증조부모님의 상황도 좋지 않았을 게 눈에 선하고, 할아버지의 이른 사망으로 열 살 남짓한 3형제를 데리고 집현의 평탄한 마을을 떠나 앞은 강이요, 뒤는 산으로 둘러싸인 비탈지고 고립된 이 마을에서 재가하여 자리를 잡을 수밖에 없었던 할머니의 심정은 오죽했을까. 설상가상으로 큰아버지 두 분 중 한 분은 황소에 떠받혀서 돌아가시고, 다른 한 분도 시름시름 앓다가 돌아가셨다는데 그것도 두 분 모두 10대 초반의 일이었다. 그래도 할머님의 기도 정성 덕인지 아버지는 5남 1녀를 얻었으나(막내는 7일 만에 유명을 달리했다) 우리 형제가 막 성장기에 들어 가족의 힘이 모아질 때쯤 간경화로 복수가 차서 돌아가셨다.

시신을 염할 때 복수가 방에 흘러나와 질긴 비닐로 시신을 감싸서 입관했던 기억, 아버님 모실 산소가 동네 최씨 조상의 위쪽이라 안 된다 하여서 옆으로 옮겨 광중을 파게 되었는데, 바위가 받쳐서 옆으로 옮겼으나 광중이 너무 좁아 관이 바위에 바짝 붙은 채로 하관한 기억, 참으로 통곡할 장사(葬事)였다.

아버지 장례를 치른 후 둘째 형님은 심한 두통을 앓기 시작했고, 2년 뒤 나의 심한 허리 부상, 얼마 후 둘째 형님이 선반 기계 벨트에 감겨 죽을 뻔한 사고, 또 몇 년 뒤 여동생의 결혼 상대자 어른께 인사 드리러 시골 갔다가 경운기 전복 사고로 척추가 아스러지는 사고(여동생은 그 후유증으로 지금까지 심신이 괴로운 상태이다), 그 뒤로도 인사든 재물이든 크고 작은 사고와 그 후유증은 우리 형제들을 괴롭혀 왔다.

나의 사고 이력은 생후 8개월째에 모깃불에 빠져 팔과 다리에 심한 화상을 입고 여름 내내 모기장 속에 갇혀 지내는 것부터 시작해서 화장실에 빠져 치른 곤욕, 감나무·밤나무 등 나무에서 수차례 떨어져서 죽을 뻔한 일들……. 허리 부상, 오토바이 사고, 그리고 아내의 죽음까지.

어머니께서는 힘들어하거나 괴로워하는 소(牛) 꿈을 가끔 꾸셨다는데, 그런 꿈을 꾸실 때마다 거의 우리 형제들 중 누군가는 인사상 아니면 재물상의 낭패를 당했다고 하셨다.

그래도 천만 다행스런 일이 있었으니 스승님께서 고성 선산에 지금의 산소 자리와는 비교도 할 수 없는 자리가 있다고 하셨다. 4형제의 합의점을 찾으려 해도 속 타는 세월을 1년 이상 보낸 뒤(그 사이 나는 계단에서 추락하여 요추·흉추·경추 디스크 진단과 수술 권유, 팔다리의 심한 타박상으로 활동 장해, 둘째 형님은 엉덩방아를 찧었는데 좌골 신경통으로 고생) 둘째 형님과만 합의하여 다른 가족

몰래 올해 초여름에 고성 선산에 우선 조부모님과 아버님께서 영원히 편히 쉴 수 있는 유택을 마련하는 행운을 얻게 되었다.

이장을 한 후 자고 다음날 아침에 일어나니 참으로 마음이 편안했다. 둘째 형님 또한 그렇다고 하신다. 이날 밤 꿈에 온 가족이 호랑이한테 쫓기다 간발의 차로 집안에 모두 들어오고 문을 닫았는데 호랑이 발가락이 문틈에 끼인 것을 내가 애써서 깨물어 잘라 버리니 호랑이는 없어져 버렸다.

6대 조상님 산소부터 아버지 산소에 이르기까지 우리 가족을 곤혹스럽게 해 왔던 누적된 기운은 당분간은 지속되겠지만, 이장 후의 선한 기운에 힘입어 치명적인 곤란은 점차 소멸되고 안정된 삶이 오리라 믿는다.

지병을 앓고 계신 어머니의 병환 때문에 온 가족이 좀 힘들긴 하여도 이미 곪았던 종기는 터져 뭉그러지는 고통 속에 새살이 돋아나리라. 이장한 뒤 둘째 형님은 경제가 어려운데도 일거리가 많아지고, 나 역시 어머니 간병으로 업무에 소홀했음에도 불구하고 생활에 도움이 될 정도의 실적이 있음에 감사한다.

며칠 뒤 딸에게 이장한 얘기며 자기 어머니의 덜 영근 사리를 항아리에 넣어 산소를 만들어 준 얘기를 했더니 우리 딸은 그날 밤 처음으로 엄마랑 아빠랑 자기랑 셋이서 즐겁게 노는 꿈을 꾸었다고 들려주었다.

당황스런 일도 있었는데, 아내가 살아 있을 때는 죽으면 화장하여 뿌리자고 해 왔기에 그 뜻대로 화장을 했다. 그때 화장 일을 하시는 분께서 오색으로 아름다운 구슬을 유골 여기저기서 찾아 모아 주시면서 스님들 사리와 똑같다고 하시면서 잘 보관하라신다. 다른 유골은 곱게 가루 내어 집 가까이 있는 감잎 차와 고욤주를 제공해 주던 고마운 고욤나무 아래 겉흙을 걷어 내고 단정히 뿌리고는 흙을 덮어 주고 사리는 따로 보관하고 있었다.

그런데 지난해 살아서 했던 말과는 달리 자기는 산소도 하나 없이 외롭다고 했던 기억이 나서 이장 때 선생님의 조언대로 조부모님의 산소 옆에 영롱함을 잃어 가는 사리도 자리를 하나 마련해 주고 나니 나 역시도 기분이 좋다.

이번 이장 일은 처음부터 마무리까지 물질과 마음으로 도와주신 스승님이 계셨기에 가능했으며, 또한 자기 코도 석 자이면서 공사 계약금 중 상당 부분을 지원해 준 도반 류성수, 차량 제공 등 궂은일을 자기 일처럼 해주신 김만호 형님과 도반 서인숙, 먼저 이장한 경험을 소상하게 알려 주신 이종진 선생님, 그리고 가까운 도반 분들이 있었기에 가능했다고 본다. 지면을 통해서 진심으로 감사드린다.


세상살이 나름대로 애쓰지 않는 사람은 그 누가 있겠습니까? 그러나 펼쳐지는 사정은 각 개인마다 천차만별인데 그 나름의 가장 근본적 원인은 어디서 찾을 건가요? 75세면 적은 연세는 아니시건만 산소 자리를 찾으실 때는 몇 번씩 직접 답사를 하

시면서 재확인하시어 신중에 또 신중을 기하시는 스승님 존경합
니다.

　스승님 살아 계실 때 많은 분들이 상담 받으시고, 부디 좋은
인연을 맺으시어 복스럽고 지혜로운 인물이 많이 나와서 가족은
물론이거니와 더 나아가 국가와 인류에 기여할 수 있기를 기원
해 봅니다!

2009년 여름<br>제자 창공 이성수 배

# 혈장이 아닌 곳에 장법마저 제대로 하지 않은 경우

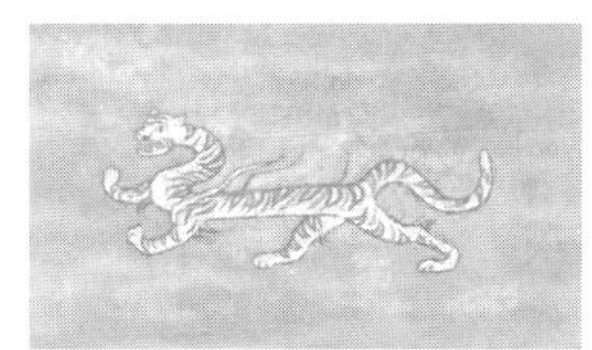

부모 · 조상의 유해가 물난리를 당하면 그 자손들은 참상과 고통을 당한다.

전국을 다녀 보면 혈장이 아닌 곳에 장법마저 제대로 하지 않고 쓴 묘소(墓所)들은 99%가 비가 올 때마다 광중(壙中)에 물이 스며들어 수해(水害)를 입고 있다.

왜 이런 현상들이 생겨나는가 하면 산에 나무가 울창하여 다니기가 불편하거나 힘들어지고 또한 자손들이 바쁘게 살아가야 하는 세상이 되다 보니 성묘하기가 편리해야 하므로 혈장이 아닌데도 불구하고 도로가 가까운 밭이나 산기슭이나 무리하게 조성해 놓은 공동묘지 등에 무작정 매장을 하다 보니 이러한 결과가 되고 만다.

이러한 묘소들은 비가 올 때마다 광중에 스며든 물이 관(棺)

속에 가득 차게 되어 시신(屍身)이 동동 떠 있는 경우와 비가 올 때마다 빗물이 스며들었다가 비가 그치면 빠져나가기를 반복하는 경우가 있다.

앞의 경우는 비가 올 때 광중에 들어간 물이 나무 관 조직의 작은 모세공(毛細空)이나 미세한 틈새를 통하여 관 속의 빈 공간으로 스며들어 빠져나가지 못하고 계속 물이 불어난 상태이다. 뒤의 경우는 관 이음새의 틈새로 비가 올 때마다 광중과 관 속으로 물이 자유롭게 잘 드나들거나 지방과 가문의 관습(慣習)과 특수한 장법(葬法)에 따라 아예 탈관(脫棺)하여 장사를 지냈을 경우에도 빗물이 침입할 조건이 되면 물이 자유롭게 드나들거나, 앞의 경우처럼 관 속에 물이 꽉 차 있다가 관이 썩어 일그러지고 나면 꽉 차 있던 물은 빠져나가지만 역시 비가 올 때마다 물은 수시로 드나들게 된다.

필자는 광중과 관 속으로 빗물이 반복적으로 들락날락하는 경우를 많이 보았지만 관 속에 물이 꽉 차 있는 경우도 흔하게 보았다. 장사(葬事)를 지낸지 5년, 7년, 10년, 심지어 23년이 지나도록 관 속에 시신이 물에 동동 떠 있는 경우도 보았다.

아무튼 빗물이 광중에 침입하여 부모·조상의 유해(遺骸)가 물에 잠겨 있거나 물이 반복적으로 들락날락하여 사후의 부모·조상이 물난리를 당한다는 것은 돌아가신 부모·조상의 유해에게는 있어서는 안 되는 참상(慘狀)이다. 이러한 부모·조상의 참상은 곧바로 자손들의 참상으로 이어져 불의의 사고로 사망 또는 불구가 되거나 암, 당뇨, 혈압, 중풍, 희귀 난치병 등의 중병을 앓게 되는 원인을 제공하거나 선천성 기형이나 희귀 난치병 신생아도 태어나고, 심장 질환으로 갑작스럽게 사망하거나 사업 실패, 부진, 손재, 관재, 파산 등의 갖가지 참상과 고통으로 이어진다.

요즘은 묘소의 이 같은 수해(水害)를 수맥(水脈) 때문이라며 수맥파(水脈波)를 방지하는 처방을 하거나 수맥을 피하기만 하면 모두 해결되는 것처럼 수맥 풍수(水脈風水)를 한다는 일부 사람들이 추(錘)나 엘-로드(L-rod)를 사용하여 답답한 자손들에게 손쉽게 해결할 수 있다고 혼돈케 하거나 현혹시켜서 금속 자재나 용기를 사용하여 수맥 차단 처방이라는 것을 해주거나, 혈장(穴場)이 아닌데도 우선 습기 없는 마른 곳에다 아에 이장(移葬)을 해 놓는 경우도 더러 보았다. 만약 수맥 차단 처방이 효력이 있다면 당사자인 그 자손들이 또 다른 전문가를 찾을 리 만무하지 않은가?

묘소(墓所)의 수해(水害)는 90% 이상이 수맥의 피해가 아니고 빗물이 스며들어 생기는 피해이므로 지하 수맥과 빗물의 침입은 당연히 다르다. 조건을 갖춘 혈장에는 혈심(穴心)을 감고 돌면서 혈심에 수기(水氣)를 공급하는 혈장 분합수(穴場分合水)가 있지만 지하에서 흘러가면서 묘에 수해를 주는 수맥은 절대로 없기 때문에 장법만 잘하면 수해를 입을 염려가 없다.

하지만 좋은 혈장이라도 장법을 잘못하면 빗물의 침입으로 인한 수해를 피할 길이 없게 된다. 그러나 혈장이 아닌 곳에 묘를 쓰면 간혹 지하 수맥의 피해를 입을 수 있으나 필자의 경험으로는 거의 모두가 물이 침입하여 수해를 입게 된다는 사실이다.

또한 혈장(穴場)이 아님에도 불구하고 우선 마른 곳으로 이장한 경우에는 진흙탕이나 물속에서는 구해 내긴 했으니 당분간은 집안이 별일 없이 조용한 것 같지만 작업을 잘못해 놓으면 시간이 지나면서 다시 물이 스며들어가거나, 물이 들어가지 않더라도 자손들은 비혈장(非穴場)에서 생기는 또 다른 피해를 서서히 당하게 되는 것이다. 그러나 이러한 사실들에 대하여 잘 아는 자손들도 드물고 설령 어느 정도 안다고 치더라도 어찌할 정확한 방도를 찾지 못하는 자손들이 많다.

우리 국민은 세계 최고의 교육열과 고학력 수준의 국민이라 할 수 있으나 세계의 석학들이 한국의 교육, 특히 대학의 교육은 '학교(學校) 따로 사회(社會) 따로'라고 평가하고 있듯이 실제 삶에 필요한 교육보다는 학벌을 채우기 위한 교육을 하고 있다고 주장하기도 한다.

이러한 현상은 풍수지리 학계도 마찬가지다. 풍수지리의 본질은 자연의 실체에 있음에도 불구하고 음양오행(陰陽五行)의 이론과 물형설(物形說) 위주의 논리를 본질인 양 주장하며 이어 오다 보니 '산은 산대로 책은 책대로(山自山 書自書)'가 되어 수십 년 공부하고 연구하며 수십 권의 풍수에 관한 책을 탐독한 사람도 산에 들어가면 눈앞이 캄캄하여 보이질 않으니 자손들의 생명과 삶의 일체가 달려 있는 중대한 일을 어떻게 올바르게 지도할 수 있으랴? 그렇다 보니 일반인들에게는 못 믿을 학문으로 불신 받거나 알쏭달쏭한 오리무중(五里霧中)의 학문이 되고 만 것이다.

제 아무리 학력과 다른 방면의 지식이 뛰어나고 높은 지위에 있는 사람이라도 일생에 한두 번은 꼭 치러야 하는 사후(死後)의 부모에 대한 자식으로서의 마지막 도리를 제대로 알고 행하는 사람은 드물다. 어느 자식이 부모의 유해를 잘못 모시고 싶겠냐마는 원리나 방법에 대하여 기본적인 지식도 없이 부모의 상(喪)을 치르다 보니 그런 상황을 당하게 될 수밖에 없는 것이다.

막상 부모를 묻어 드릴 만한 묘지(墓地)도 구하기 어려운데 하물며 좋은 혈장(穴場)구하기란 더더구나 어렵기만 하려니와 세상의 추세가 자손들 묘소 관리의 어려움을 덜기 위한 편리 목적에 초점을 맞춘다. 그러다 보니 양지 바른 언덕배기나 산기슭, 밭 언덕 등의 적당한 곳에다 중장비로 억지 조성을 하여 석곽, 둘레석, 망주석, 비석, 커다란 상석, 축대 등을 기본적으로 해야 되는 것으로 알고 보기 좋도록 화강석으로 하얗게 치장을 하게 된다. 자식들의 체면치레로는 괜찮겠지만 석곽, 둘레석, 큰 상석 등은 완벽하게 시공하지 않으면 광중(壙中)에 빗물이 들어가도록 물길을 열어 놓는 거나 다름이 없다. 기왕에 효도하고 체면치레도 하려면 전문가의 지도와 공사비를 아끼지 말아야 할 것이다(졸저 ≪터와 명당≫ 참조).

자식들은 석물(石物)로 묘소를 보기 좋게 치장하는 것이 효도(孝道)하는 것이라 생각하고 정성을 다하지만 만약 석물 시공이 잘못되어 물이 침입하게 되면 그것은 자손들의 눈에 보이는 만족일 뿐 부모의 영혼(靈魂)은 응답이 없고 물난리를 당한 '유골의 노여움'으로 벌만 받게 되는 꼴이 되고 만다.

결과적으로 자손들의 편리한 성묘 관리(省墓管理) 목적과 잘못된 효(孝) 방법인 석물 치장의 체면치레 때문에 부모의 유해는 물난리라는 참상(慘狀)을 당하게 된다.

생각해 보면 이러한 결과는 이 방면에 기본적인 지식도 없는 자식들의 전적인 책임이라고만 할 수도 없다. 왜냐하면 부모의 장사(葬事)를 치를 때면 묘지(墓地)의 선택 결정에서부터 모든 작업 과정이 끝날 때까지 이른바 풍수(風水)의 지도(指導)를 받지 않는 경우가 거의 없기 때문이다.

자식의 사회적 위치나 지역, 또는 각자의 사정에 따라 서울 풍수, 지방 풍수, 동네 풍수 등을 수소문으로 인연하여 지도를 받아 장사(葬事)를 치르게 되는 것이므로 묘지(墓地)의 선택이 잘못됐거나 묘소 조성(墓所造成) 공사의 잘못으로 빗물이 침입했다면 무지한 자손들의 책임이라 하기보다는 처음부터 끝까지 지도한 풍수(風水)의 올바르지 못한 지도나 오류 또는 무지로 비롯된 것이라 할 수 있을 것이다.

부모(父母)의 사후(死後)에 느닷없이 자손들이 흉화(凶禍)를 당하는 가장 큰 원인은 묘소 가까운 곳의 결함이나 빗물이 스며들어 일어나는 경우인데, 부모가 돌아가신 후에는 자손(子孫)들 스스로 건강과 삶의 질량적(質量的) 변화를 유심히 관찰해야 한다.

성격의 변화, 불면증, 우울증, 음주량의 변화, 가정불화, 형제 간 불목 등 대소(大小)를 막론하고 사업 현황과 경제적 변화 등도 특히 관찰해야 하고 자라고 있는 어린아이들과 태어나는 아이들의 건강에 대하여도 잘 관찰해야 한다.

만약 나쁜 쪽으로 변화가 감지된다면 더 큰 흉(凶)한 일을 당하기 전에 부모·조상의 묘소(墓所)를 잘 살펴보든지 전문가(專門家)에게 의뢰하여 점검하고 상의해 보면 최선책이든 차선책이든 좋은 해결책을 찾을 수 있을 것이다.

# 자연 생명 에너지

인생을 조종하는 보이지 않는 힘은 자연 생명 에너지
이다.

사람은 누구나 어떤 분야에서나 자신의 삶의 목적 달성을 위
해서 최선을 다하며 살아가고 있다.

그러나 크고 작은 여러 가지 자신의 삶의 분야에서 유종의 미
를 거두는 일은 참으로 어렵다. 많은 사람들은 거의 모두 결실
직전에서 고배를 맛보면서 그럭저럭 살아가고 있다. 인생 만사는
시작과 경과도 중요하지만 그 결과는 더욱 중요하다.

산 정상을 오르기 위해서는 숨이 차고 다리가 저려 와도 걸어
야 하고 경기에서 승리를 위해서는 부상을 당하여 피를 흘리면
서도 최선을 다해야 하는 것처럼 인생은 누구나 자신이 하는 일
의 성공을 위해서는 젖 먹던 힘까지 다하며 최선을 다하지 않는

사람은 없다.

그러나 대부분의 인생은 결실 직전에 고배를 마시게 되고, 자신의 능력의 한계를 느끼게 된다. 한 번의 실패로 재기하는 사람도 있고, 사전오기(四顚五起), 칠전팔기(七顚八起)하는 사람도 있고, 단 한 번의 실패로도 영영 주저앉아 버리거나, 평생을 영원히 엎치락뒤치락 헤매는 인생도 있다.

이렇게 불안정한 삶을 사는 사람들이 많다 보니, "인생살이는 마음먹은 대로 살아지지 않는다.", "노력만 한다고 되는 것도 아니다.", "인생에는 뭔가 눈에 보이지 않는 힘이 지배하고 있는 것 같다."고 느끼게 된다.

인생을 성공한 사람들은, "열심히 하니까 되더라. 그런데 운도 따라 주더라.", "인생은 99%의 노력과 1%의 행운인 것 같다." 이런 식으로 자신들의 성공담을 술회한다. 1%의 행운, 이것은 과연 무엇일까? 1/1,000, 1/10,000의 빈틈도 없는 세심한 노력일까? 눈에 보이지 않는 알 수 없는 미지의 힘일까?

100-1의 산술적 답은 당연히 99가 되어야 하는데 100-1=0이라는 산술법이 있다고 한다. 그런데 이 산술법은 중국의 유명한 경영 컨설턴트이며 베스트셀러 작가인 왕중추(汪中求)의 계산법이다. 1%의 부족이 일의 전체를 망친다는 뜻으로 '세절(細節), 정세화(精細化)' 즉, 작은 일과 사소한 일에 충실히 하라는 뜻이다.

우리 속담에도, "큰 방축(防築)도 개미구멍으로 무너진다."라는 금언이 있다. 그러나 아무리 '세절(細節), 정세화(精細化)' 하고 개미가 구멍을 못 내도록 튼튼하게 방축을 만들어도 도저히 예기치 못한 장애가 생겨 일의 결실을 맺지 못하고 일을 그르치게 되는 경우는 본인의 능력과 노력의 1% 부족 때문이라고만 해야 할까. 여기에는 반드시 성공한 사람들의 술회처럼 1%의 행운이라는 눈에 보이지 않는 어떤 힘이 있는 것이다.

이 눈에 보이지 않는 힘, 즉 에너지는 자연에서 찾아야 한다. 모든 것은 자연에서 시작되고 자연에서 끝난다. 최첨단 과학과 의학도 자연으로부터 그 근본과 자료를 찾아 시작한다. 자연 속에는 선성적(善性的) 에너지와 악성적(惡性的) 에너지가 공존한다. 우리는 자연 속의 선성적 에너지를 찾아 활용해야 한다. 인간은 그렇게 해야 할 권리가 있고 그러한 책임도 함께 있다. 모든 야생의 생명체들도 본능적, 생태적으로 그렇게 생존하고 있다.

우리가 자연으로부터 찾아 할 수 있는 일은,

첫째, 집터와 일터 등을 잘 선택하여 자연의 선성적 에너지를 '직접' 공급받게 된다면 정신적 육체적 건강을 양호하게 만들 수 있게 되고,

둘째, 경우에 따라서 어려운 일 같지만 꼭 실행해 볼 만한 무한한 가치가 있는 일로서 명당 혈장을 찾아 부모 · 조상의 사후 체백을 편안하게 모시고 잘 보전 · 관리한다면 부모 · 조상의 환원 에너지로부터 자연의 선성적 에너지를 '간접적'으로 공급받아 정신적 · 육체적 건강을 최상으로 만들 수 있게 된다.

이렇게 자연 속에 있는 생명 에너지를 직간접으로 활용하여

필요한 에너지가 충족될 때 정신과 육체가 건강해짐으로써 능력이 극대화되어 창의력, 판단력, 추진력이 조화를 이루게 되고, 1%의 행운도 따라 주게 되는 것이다. 이 두 가지 일은 사람이 능히 할 수 있는 일이며, 또한 해야 되는 일로서 이 두 가지 일을 다 실행해 본 후에야 감히 진인사 대천명(盡人事待天命)이라 할 수 있지 않을까? 인생을 조종하는 보이지 않는 힘, 즉 에너지는 이렇게 자연에서 찾아 활용하는 것이 최선의 방편이 될 것이다.

# 인물이 되려면 정기를 타고나야 한다

눈두렁 정기(精氣)라도 타고나야 달 수 있는 금배지(조상 산소 혈장(穴場) 에너지가 상대보다 강하고 국동 조장(局動調場) 에너지가 상대보다 유정(有情)해야 승리한다).

우리나라 각계각층의 지도급 인사들 중 특히 관료 출신 지도급 인사들 일수록 금배지를 다는 것을 국가와 국민에 대한 최고 또는 최후의 봉사라고 생각하는 동시에 최고의 영광으로 생각하는 것 같다. 총선 때만 되면 치열한 줄서기 경쟁으로 공천이라는 일차 관문을 통과해야 하고 그런 다음에는 선거라는 경쟁을 치러야 한다.

선거란 본인을 비롯한 가족들의 피가 마르는 경쟁이고 열성 지지자들의 심장을 타게 하는 경쟁이기도 하다. 과거 우리 국민들이 민주주의에 대한 의식이 낮을 때는 고무신 한 켤레나 몇

푼의 금전 등에 표를 찍어 주는 일도 있었다. 아직도 그런 돈 부정 선거가 간혹 있기도 한 것 같지만 쌍방 징벌 제도를 엄격하게 만들어 놓았기 때문에 지금은 그런 부정 선거는 쉽지 않고 앞으로는 그런 일이 없어져야 할 것이다.

이제 표심(票心)은 대체적으로 첫째, 능력 있는 인물을 선호하게 되고, 다음은 비전과 책임이 있는 정당인 것 같다. 그러므로 아무리 좋은 정당이 공천한 사람이라도 능력이 부족해 보이거나, 전력이 나쁘거나, 거수기 노릇이나 할 위인은 싫어한다. 그것은 공천에서 밀려난 능력 있는 사람이 무소속으로 출마하여 당선되는 경우를 종종 볼 수 있기 때문이다. 물론 당에 대한 불만이나 역성적(逆性的) 표심 탓도 있기는 하다.

소위 인물이란 지식, 덕망, 인격, 능력이 두루 갖추어진 사람을 지칭하는 것이니 그런 인물이 되려면 남다른 에너지, 즉 정기를 타고나야 될 수 있다는 의미로서 하다못해 미약한 논두렁 정기라도 타고나야 선거에서 승리하여 금배지를 달 수 있다는 뜻이다. 우리 속담에, "뒷골 여우의 도움이라도 받아야 되느니.", "논두렁 정기라도 타야 되느니." 등은 요행을 바라는 뜻이 아니라 무언가 눈에 보이지 않는 힘의 도움, 즉 부모·조상의 동조 에너지를 받아야 된다는 뜻이다.

2000년도에 KBS가 국회의원들을 상대로 풍수지리에 대한 의식 설문 조사를 한 결과 60%가 풍수지리를 믿고 중대사를 결정할 때 전문가에게 의뢰하겠다고 대답했다고 한다. 이들은 고위 공직자가 되고 또는 사회적으로 지도층이 된다든지 하여 국회의원에 출마하기까지의 과정들이 비교적 노력하는 대로 성취도가 순조롭고 높았던 것이다. 즉, 선천 에너지도 양호했고 후천 에너지도 양호했다는 것이다.

그런 과정에서 친족이나 부모들로부터, "아무개는 어느 조상의 산소가 명당이라서 출세가 순조롭다."라는 말을 종종 들어 보지 않은 사람이 별로 없을 것이다. 그렇기 때문에 지도층의 반열에 오른 사람들은 대부분이 조상 산소의 혈장 정기를 인식하고 있다는 사실이다.

선거란 치열한 기(氣) 경쟁이다. 좋은 용맥(龍脈)의 기(氣)가 형성한 명당 혈장 에너지는 자손들에게 능력을 갖추게 하는 에너지, 즉 조상의 정기(精氣)를 주고 그 명당 혈장을 둘러싸고 있는 국동 조장(局同調場) 에너지는 사회가 나에게 주는 에너지, 즉 '표심(票心)'을 뜻한다.

경쟁자 간의 능력은 조상 산소 혈장 에너지의 강약에서 판가름 나게 되고 표심은 조상 산소를 둘러싸고 있는 국세(局勢), 즉 국동 조장(局同調場) 에너지의 유정(有情), 무정(無情)으로 판가름이 나게 된다. 그러므로 결과는 이 두 조건의 강약과 유정, 무정으로 결정된다.

비단 금배지뿐만 아니라 각급 지방 단체장, 지방의회 의원 등 선거로써 책임을 부여받는 선거직은 모두가 다 이런 기(氣) 경쟁이다. 선거란 상대적인 치열한 경쟁이므로 크고 강한 정기가 아니더라도 하다못해 논두렁 정기라도 타고난 사람이라면 그렇지 않은 상대를 이기는 것이다.

근현대사에서 선거라는 경쟁에서 지지하는 많은 국민들에게 가장 안타까움을 준 사람은 대통령 출마 삼수까지 한 이모 씨다. 이분의 부모·조상들 산소를 돌아보면 강한 에너지의 명당 혈장은 한 곳도 없었고 '표심'을 모아 줄 국동 조장(局同調場) 에너지도 유정하지 못했다.

그래서 첫 번째 경쟁에서도 승산이 없는 것으로 판단했고, 두 번째 도전 때에는 본인뿐만 아니라 대부분의 국민들의 판단은 승리가 기정사실처럼 돼 있었지만 나는 강의 시간에, "이모 씨는 이번에도 예기치 못한 어떤 나쁜 변수가 생겨서 절대로 승리하지 못할 것이다."라고 했었다. 세 번째 도전 때에는 부모·조상들의 산소를 옮겨 모신 사진이 신문에 실렸기에 보았더니 명당 혈장은커녕 역(逆)을 하고 역(逆)을 당하는 곳이었다. 결국은 자신이 총재로 있던 당을 역(逆)으로 하고 출마했으나 많은 당원들과 국민들로부터 역(逆)을 당하는 결과가 되고 말았다.

특히 선거라는 경쟁에서는 조상 산소 혈장의 강한 에너지와 유정한 국(局) 동조 에너지가 필수 조건임에도 이모 씨의 조상 산소에는 이러한 조건들의 갖춤이 없을 뿐만 아니라 오히려 간섭 에너지를 줌으로써 삼수의 고배를 마시게 한 것이다.

이처럼 조상 산소로부터 받는 역성적(逆性的) 간섭 에너지는 그 자손들에게 하는 일에 어떤 고비가 있을 때마다 작용하게 되는 것이니, 개선하지 않으면 유골이 남아 있는 한 수대에 걸쳐 그 자손들의 하는 일들이 유종의 미를 거두기 어렵게 된다. 이제는 한 지역민들의 애정으로 그 지역 대표에 불과한 작은 정당의 총재로서 정치인으로 버티어 가고 있지만 그분의 역량과 삼차에 걸쳐 도전했던 대권의 꿈에 비하면 측은하기도 하다.

명당 혈장은 자연이 만들어 놓은 걸작이며, 명당 혈장의 지기(地氣)는 천기(天氣)가 합성된 땅 정기(精氣)이다. 명당 혈장에 묻힌 부모·조상은 이러한 땅 정기를 유골에 합성시켜 동질화(同質化)된 에너지를 동질 인자(同質因子)인 자손들에게 환원 동조 공진(還元同調共振)케 하여 자손들의 능력을 극대화시켜 주기 때문에 그 자손들은 사회로부터 신임과 존경을 받는 인물이 되는 것이다. 그러나 승승장구하다가도 말년에 이르렀을 때 인생의 고배를 마시게 되는 인사들은 거의 대부분이 자신의 말년에 돌아가신 부모 산소가 잘못 쓰인 경우이다.

조부모와 부모의 수명에 따른 차이는 있으나 대부분의 사람들은 인생의 초반인, 태어나서 30세 이전까지는 조상으로부터 타고난 기운과 부모의 능력에 의해 인생을 가꾸어 간다. 인생의 중반기인 30세 이후부터 60세까지는 자신의 30세 전후에 돌아가신 조부모의 환원 에너지 영향을 많이 받게 되고, 60세 이후부터 죽을 때까지의 인생 후반은 자신의 60세 전후에 돌아가신 부모의 환원 에너지 영향을 많이 받게 되므로 인생 말년을 건강하고 힘 있게 살려면 반드시 돌아가신 부모의 간섭 에너지를 받지 않도록 해야 한다. 부모의 유해를 명당 혈장에 편안하게 모셔야만 인생 말년을 활발하게 살면서 인생의 결실을 성취할 수 있다.

정, 관, 재계를 막론하고 당대에 힘깨나 쓰던 유명 인사들이 인생 말년에 큰 일 한 번 해보려고 기대 이상으로 힘쓰는 결정적 시기에 갑자기 병들거나 추락, 몰락한 분들의 부모 산소를 보면 한결같이 잘못 쓰인 경우가 있었다. 그럴 경우는 재기하려고 아무리 몸부림쳐도 불가능하다. 노력만 하면 백전백승할 것 같지만 노력과 더불어 눈에 보이지 않는 그 어떤 힘의 도움이 마지막 1%의 결실이란 행운을 가져다준다는 사실은 성공한 사람들의 술회이다.

내가 본 산소들 중 기억나게 안타까운 것은 울산의 최모 전 의원의 부모 산소와 마산 강모 전 의원 부모 산소 등인데, 자손들의 재기가 어렵고, 한때 세계를 누비며 국가 경제 발전에 크게 기여했던 모 그룹 김 전 회장의 모친 산소는 본인의 재기가 어려운 것은 물론이고 후손들까지도 영향을 받게 될 것이니 안타까울 따름이다.

부모·조상의 산소를 좋지 못한 흉지(凶地)에 쓸 바엔 차라리 화장하는 것만 못하다는 이치를 깨우쳐야 할 것이며, 인생 말년을 활발하게 국가와 사회에 봉사하고 인생 말년을 잘 마무리하고 싶다면 부모의 유해를 명당 혈장(明堂穴場)에 편안하게 모셔야 하는 것이 진리이다.

# 명당의 조건에 따라 성질과 품성이 다르다

부자가 나는 명당과 권력자가 나는 명당은 조건의 갖춤이 다르므로 땅기운의 근본 성질도 다르며 자손들의 품성(品性)도 다르다.

재물을 크게 가진 사람이 권력을 탐욕하면 패가망신하게 되고, 권력을 가진 사람이 재물을 탐욕하게 되면 역시 패가망신하게 된다.

재물(富)과 권력(貴)은 그 에너지의 근본 성질(根本性質)이 다르다.

재물은 재물대로 권력은 권력대로 자신을 맑고, 밝게 순리(順理)대로 관리해 주지 않고 재물과 권력을 한데 섞으면 처음에는 단맛이 나지만 시간이 흐를수록 그 성질이 혼탁해져서 반드시 역 성질(逆性質)을 부리게 되어 결국에는 낭패를 당하게 된다.

한 가지 큰 복은 하늘이 준다고 하여 천복(天福)을 타고난다는 말과 같이 명당에도 귀복(貴福)과 부복(富福)은 그 증거가 자연적으로 다르게 형성되어 있으니 이는 신이 인간에게 두 가지 큰 복을 주지 않는다는 증거이기도 하다.

또한 부자(富者)와 권력자(權力者)는 각각 행할 수 있는 분야나 능력이 다르므로 부자는 재물로써 순리(順理)를 다하며 그 명성을 지켜야 하고, 권력자는 그 권력의 힘으로 순리를 다하며 그 명예를 지키는 것이 각각의 순리에 어긋나지 않는다. 그래야만 그 재물과 권력이 역성질을 부려 삶을 낭패되게 하지 않고 그 명성과 명예가 영원하게 되고 국민들이 행복해하고 사회가 편안해지고 나라가 부강하게 되고 민족이 영원하게 된다.

세상을 살아 보면 세상에 알려진 명성과 명예를 얻을 수 있는 부자와 권력자는 아무나 노력한다고 얻어지는 것이 아님을 알게 된다. 천기(天氣)가 합성된 지기(地氣), 즉 강력한 땅기운을 조상으로 인연(因緣)하여 상속받은 자만이 노력함으로써 역사에 남는 명성과 명예를 얻을 수 있다는 사실이 세상에 알려져 왔다.

이러한 강력한 대자연의 기운인 땅기운은 조상이 받아서 후손에게 상속해 주는 것이다.

큰 부를 이룬 자의 조상 산소와 큰 벼슬을 한 자의 조상 산소는 그 조건이 판이하게 다르므로 그 에너지의 근본 성질이 다르고 그 자손들의 능력도 다르게 태어난다. 우리나라의 역대 큰 부를 이룬 자와 큰 벼슬을 한자의 조상 산소는 그 조건들이 부(富)와 귀(貴)로 확연히 다르게 형성되어 있다.

필자는 아직 부와 귀 두 가지 조건을 다 갖춘 명당을 본 적이 없다. 큰 부자의 조상 산소를 보면 부(富)의 기운은 강하고 크지만 귀(貴)의 기운은 없거나 약하고, 큰 벼슬을 한 자의 조상 산소를 보면 귀(貴)의 기운은 강하고 크지만 부(富)의 기운은 없거나 약하다.

인간은 본능적으로 자신이 갖지 못한 것을 탐욕하게 된다. 특히나 권력을 가진 자가 그 권력을 이용하여 재물을 탐욕하게 되면 그 결과 반드시 상응하는 벌을 받게 되고, 부(富)를 이룬 사람이 재물을 과시하여 권력을 탐욕하게 되면 손재와 망신을 당하게 된다.

비자금 때문에 영어의 몸이 되었던 전직 대통령 두 분이 그 본보기이다. 그분들의 조상 산소를 보면 타고난 선천 에너지가 귀(貴)의 기운은 강하지만 부(富)의 기운은 없거나 약하다. 게다가 인생 후반에 강하게 영향을 주는 부모 산소에는 모두가 하나같이 부(富)도 귀(貴)도 다 흩어지는 악조건들이었으니 안타까울 뿐이다.

또한 부를 이룬 사람이 권력을 직접 탐하거나 또는 주변의 권력을 악용하여 자신을 과시하면서 권력의 흉내를 내며 불법적으로 이득을 탐했다가는 반드시 곤욕을 치르거나 손재와 망신을 당하게 된다. 이처럼 권력자나 재벌가들의 곤욕이나 손재와 망신은 타고난 오기(五氣. 木=仁, 金=義, 火=禮, 水=智, 土=信)의 불균형한 기운을 극복하지 못한 데서 비롯한 것이다.

재벌가와 권력자의 각각 조상 산소의 조건들이 부(富)와 귀(貴)를 두루 갖추어 만들어 놓지 않은 자연의 작품을 보면서 신(神)은 인간에게 무소불위(無所不爲)를 허락하지 않았다는 진리를 알게 되었다.

권력자는 권력을 정정당당하게 사용하여 만천하를 행복하게 하여 추앙받는 명예를 지켜야 하고, 재벌가는 재물로써 만천하를 행복하게 하여 추앙받는 명성을 지키는 것이 자연의 신이 인간에게 주는 순리(順理)이다.

경주 최 부자 가문의, "곡식은 만석 이상 하지 말고, 벼슬은 진사 이상 하지 말라."고 한 가훈은 바로 이러한 순리를 강조한 덕목으로서 조상 산소의 기운에서 근거한 것이라는 이야기가 있다.

# 지도자는 정기를 받고 태어난다

역량 있는 최고 지도자는 오기(五氣)가 균형 있게 구족
된 강한 땅 정기(精氣)를 받고 태어난다.

대다수 국민들은 평생을 살아가면서 여러 명의 대통령을 경험
한다.

잘하는 분, 보통인 분, 못하는 분, 매우 잘하는 분, 매우 못하
는 분 등 각자의 역량대로 치적을 남긴다. 나라 살림이나 국민의
살림은 그때그때의 최고 지도자의 역량에 따라 달라질 수밖에
없다. 국민은 이유 불문하고 잘하거나 매우 잘할 대통령이 당선
되기를 희망한다.

민주 국가에서 최고 지도자는 선거라는 경쟁에서 이겨야 한다.
경쟁은 상대적이므로 국운이나 시대적, 사회적 상황에 따라 100
점짜리 능력자와 90점짜리 능력자가 경쟁할 수 있고, 50점짜리

능력자와 40점짜리 능력자가 경쟁할 수도 있다. 100점짜리 능력자가 최고 지도자가 된다면 말할 나위도 없이 국민을 행복하게 해주겠지만, 만약 50점이나 40점짜리의 능력자가 최고 지도자가 된다면 국민의 여망과 행복 지수는 반타작이 될 수밖에 없을 뿐만 아니라 본인에게는 1톤 트럭에다 2톤 이상 또는 3톤 이상의 무거운 화물을 실은 결과가 될 수도 있을 것이다.

잘하겠다고 악을 쓰고 잘해 줄 것 같아 보이기에 표를 찍어 주었는데 막상 하는 걸 보니 의욕과 노력만으로 극복할 수 없는 능력의 한계가 있는 것 같다. 의욕과 노력으로 다소 보완이 되겠지만 의욕과 노력만으로는 극복할 수 없는 능력의 한계에 부딪힌다면 눈에 보이지 않는 자신의 근본적 바탕이 되는 그릇(容器)에 문제가 있는 것이 아닐까.

이 용기(容器)를 우리는 보통 '그 사람의 그릇', 또는 '그 사람의 능력', 또는 '지도력'이라 하고, 역술적(易術的)으로는 '사주팔자', 또는 '숙명(宿命)', 또는 출생하기 전에 만들어진 기운이라고 하여 '선천기(先天氣)'라고 한다. 오기(五氣)가 구족한 땅 정기(精氣)의 선천기(先天氣)를 타고난 사람은 사람의 됨됨이가 완벽하게 갖추어진 사람으로 이런 사람을 인(仁), 의(義), 예(禮), 지(智), 신(信)의 오덕(五德)을 갖춘 사람이라고 한다.

오덕(五德)이 갖추어진 사람은 능력자이기 때문에 어떤 일에나 막힘이 없다. 이런 역량과 인격을 소유한 지도자는 최고 최대의 추종을 받아 최고 최대의 능력을 발휘하여 국민들을 잘 살고 편안하게 해준다. 국민은 이러한 오덕(五德)을 갖춘 역량 있는 최고 지도자를 희망한다.

"누구도 하는데 나는 못하나.", "나도 맡겨 주면 하겠다."는 등 농담인지 진담인지를 쉽게 내뱉는 세상이지만 예로부터 임금은 하늘이 내려 주신다고 했다. 하늘은 천기(天氣=天機)를 일컫는다. 이 천기는 지기(地氣)와 합성하여 땅의 정기(精氣=地靈)가 되어, 특정한 곳에 모여 명당 혈장(明堂穴場)을 만들어 놓았으므로, 명당 혈장을 천장지비(天藏地秘. 하늘이 감추어 놓은 땅의 비밀)라고 한다. 그래서 이 명당 혈장을 찾아 사용하는 일은 천기누설(天機漏泄)이라고 한다.

이러한 명당 혈장은 수(水), 목(木), 화(火), 토(土), 금(金)의 오기(五氣)가 균형적으로 강하고 크며, 이 오기(五氣)가 인(仁), 의(義), 예(禮), 지(智), 신(信)의 오덕(五德)이다. 오기(五氣)가 구족한 명당 혈장의 땅 정기를 타고난 그릇의 숙명인(宿命人)이야말로 하늘이 내려 주신 역량 있는 자이다.

예로부터 우리 조상들은, "지령(地靈)이 인물을 낳는다.", 혹은 "산세(山勢)가 인물을 낳는다."고 했으니 이는 선 구조(線構造)로 된 우리나라 산세 지형의 특수성 때문이다.

우리나라 역대 대통령들의 선대 산소(주로 증조 이상) 혈장 조건을 분석해 보면 대부분 입맥기(入脈氣)가 강한 혈장이긴 하지만 혈장 오기(穴場 五氣)의 강약이 불균형하다는 사실이다.

이것은 그분들의 타고난 선천기(先天氣)의 불균형함을 증명해 주는 것이며, 이 불균형한 선천기가 한 평생 기본 바탕으로 작용하기 때문에 그 모자라는 부분의 결함된 에너지로 인하여 잘하려고 아무리 최선을 다해도 오류(誤謬)와 오점(汚點)이 생겨 결과적으로 낭패를 당하게 되니 이것이 타고난 능력 또는 그릇의 한계라고 해야 할 것이다.

그러나 비록 불균형한 선천기의 소유자라고 하더라도 후천 동조기(後天同調氣)를 강하게 받게 되면 크게 보완이 될 수 있으므로 반드시 부모 산소를 명당 혈장에 모셔야 직무 수행에 기대 이상의 성과를 거두고, 성취한 큰 꿈의 대미(大尾)를 장식하고 국민의 존경과 아울러 박수갈채의 환송과 축하를 받을 수 있게 될 것이다. 대통령을 지낸 분들은 비록 불균형한 선천기(先天氣)라 하더라도 부분적으로는 보통 사람보다 강력한 선천기의 소유자이기 때문에 국민의 선택으로 대통령이 될 수 있었던 것이다.

그러나 국민이 선택했던 대통령이 임기가 끝난 다음, 재직 시 불미스러웠던 일로 물의를 일으키고 그 자신이 영어(囹圄)의 몸이 되었거나, 그분들의 형제나 자제가 옥살이를 하거나 불미스러운 물의를 일으키고, 그 자제가 대통령을 지낸 아버지의 후광을 받지 못한다든지, 본인 또는 형제나 자제가 악성 질환이나 고질적 질환을 앓게 되는 것 등도 부모 산소에 중대한 결함들이 있기 때문이다. 부모 산소에 중대한 결함들이 있을 때는 그 아들은 아무리 강력한 선천 기(先天氣)를 타고났어도 인생 말년에 건강, 명예, 재산 등에 안정된 삶을 살 수 없으며, 그 손자는 중년부터 어려움을 맞게 되는 것이다.

우리나라 전직 대통령들의 부모 산소를 필자가 알고 있는 원리에 의거하여 한마디로 평(評)하자면 용맥기(龍脈氣)를 얻지 못하여 혈장 정기(穴場精氣)가 안정되어 있는 묘소가 없다는 사실이다.

아무리 강력한 선천기를 타고 나서 승승장구하는 사람이라도 말년에 돌아가신 부모로부터 악성 간섭기(惡性干涉氣)를 강하게 받게 되면, 이미 쇠퇴기에 접어든 선천기보다 강하게 작용하는 부모의 악성 간섭기로 인하여 탄력을 잃게 되어 명예, 직무, 재물, 건강 등 모든 인생사에 좋은 결실을 얻지 못하게 된다.

생존해 있는 몇 분의 전직 대통령 각자의 부모 산소를 필자가 알고 있는 원리대로 분석을 해보면,

전○○ 전 대통령의 부모 산소는 아예 중요한 용맥기(龍脈氣)를 얻지 못하고 요도(橈棹)에서 발생한 지각(止脚) 부분을 중장비를 사용하여 억지로 모양을 냈으므로 혈장의 조건이란 하나도 없는 비혈장이다.

용맥기를 얻지 못하면 용맥기로 형성되는 가장 중요한 입수정(入首頂) 에너지를 얻지 못하게 되니 오판과 오류로 인하여 명예와 권력은 결과적으로 일장춘몽이 될 공산이 많고 묘소 앞에 석축을 높이 쌓은 것은 혈장의 모든 에너지를 거두어 갈무리하는 전순(纏脣) 에너지가 없다는 증거다. 전순은 명예, 권력, 직위, 재물, 건강 등의 모든 에너지를 수장(受藏)하여 갈무리 짓는 에너지인데, 이 전순의 결함이 너무 클 뿐만 아니라 전 대통령의 부모

산소는 풍수지리 원리에 가장 금기(禁忌)하는 산수 동거지(山水同居地)로서 전순의 결함과 더불어 설기(洩氣)가 가중되어 재물·명예 등 모든 일의 결과는 물거품이 될 공산이 크며, 그 자제들까지도 그러한 영향을 받을 수 있게 된다.

산수 동거지(山水同居地)와 전순(纏脣)의 배역 주설기(背逆走洩氣)가 되는 조상 산소의 자손들은 재물이 들어오더라도 그 재물을 의롭게 또는 자신의 의지대로 정상적인 활용을 할 수 없게 된다.

노○○ 전 대통령의 부모 산소 역시 용맥기를 얻지 못하여 입수정 에너지가 없으니 그 결과는 전○○ 전 대통령의 경우와 마찬가지지만, 하나 더 부연 설명하자면 용맥기를 얻지 못하면 신장, 방광 등이 허약하여 배설 기능 및 순환 기능의 질환을 앓게 된다.

전순은 석축을 하지 않았으나 마무리 지어 맺지 못하고 배역주(背逆走)하는 백호를 따라 설기(洩氣)가 되어 배역주를 하였으니 모든 일의 결과가 물거품이 될 수밖에 없다.

김○○ 전 대통령은 부모 산소를 이장한 후에 대통령이 됐다고들 하지만 필자의 소견으로는 요도에서 발생한 덩치가 큰 지각(止脚)으로서 혈장이 아니며, 서서히 에너지가 소멸되는 곳으로서 그분은 타고난 강력한 선천기 덕택에 대통령이 될 수 있었다고 본다.

만약 이장한 부모 산소가 명당이라면 첫째는 그분과 자손들의 건강이 악화되지 않아야 하고 그 자제들이 전직 대통령인 아버지의 후광도 받아야 하고 스스로들 건강과 생활상에 탄력이 붙어야 하는 것이다.

어느 집안을 막론하고 부모 산소가 명당 혈장이면 그 산소의 손자는 대부분 인생 중반기에 접어들면서 두말할 나위도 없이 인생살이 전반에 걸쳐 나름대로의 탄력을 받게 되므로 그 손자들이 되어 가는 상황들을 보면 조부모 산소의 길흉(吉凶)이 판가름 나게 되는 것이다.

노○○ 전 대통령의 부모 산소를 어떤 이들은 명당이라고 찬탄을 하지만 필자의 소견으로는 그렇지 않다.

우선 가장 중요한 용맥기를 얻지 못했고, 마을 뒤쪽 정상에서 분벽된 용맥의 좌출맥(左出脈)이 강하게 진행해 왔으나 강한 용맥기는 중간에서 멈춰 버리고 그 남은 기운의 여기맥(餘氣脈)도 노(盧) 전 대통령의 부모 산소로 들어가지 못하고 마을 쪽의 감나무 밭과 경계한 능선이 되어 오히려 산소에는 역(逆)이 되면서 봉하 마을을 감싸고 있다.

산소 뒤의 암괴석(巖怪石)은 용맥이 들어오지 않았으므로 혈심에 용맥기를 공급하는 입수 정석(入首頂石)이 아니며, 오히려 부담스럽게 뒤통수를 맞고 치는 역기능이 된다. 또한 산소의 왼쪽으로 드러나 있는 암괴석(巖怪石)도 봉하 마을을 감싸도록 능선에 힘을 실어 주는 것이므로 산소에는 오히려 역성적 청룡기(逆性的 靑龍氣)가 된다.

백호 또한 넓은 밭을 형성하면서 역주(逆走)를 하였으며, 앞쪽의 안산 역시 진영 마을 쪽으로 돌아앉아 역(逆)을 했으므로 결국에는 주변으로부터 크게 배신을 당하게 되고 혈장 기운의 강약은 자손의 강약인데 부모 산소가 혈장이 아니므로 혈장의 약한 기운이 자손에게 도움이 되지 못하고 오히려 약화시켜 약체인 자손이 오히려 감당할 수 없게 될 수가 있다.

그러나 노○○ 전 대통령은 선거전에서 당시 경쟁자인 이○○ 후보보다는 강한 용맥기(龍脈氣)가 있는 한 조상 산소의 기운으로부터 타고난 선천기(先天氣)의 소유자로서 그렇지 못한 이○○ 후보를 극적으로 이길 수 있었으나 인생 후반부에 크게 영향을 주는 부모 산소의 결함으로 임기 내내 고전을 면치 못했으니 임기 중이나 임기 후나 과욕만 하지 않는다면 여생은 그럭저럭 지낼 수 있었을 것이다.

필자가 감히 전직 대통령들의 부모 산소를 나름대로 평하는 것은 한 시대의 국민들이 뜻을 모아 편안하게 잘 살게 해 달라고 학수고대하며 선출한 대통령이었기에 기왕이면 부모의 유해를 편안히 모셨더라면 그 환원 동조 에너지의 힘을 얻어 보다 훌륭한 치적(治績)으로 나라가 얼마나 부강해지고 국민이 얼마나 행복해졌을까 하는 욕심 때문이었고 이 학문에 몸담은 국민의 한 사람으로서 이 학문적 원리대로 그 아쉬움을 표현한 것이다. 또한 그분들의 종성 인자는 비록 불균형하지만 대통령까지 될 수 있었던 특별히 강한 부분이 있으므로 만약 그 기본 바탕에다 균형적으로 개선만 된다면 훌륭한 지도자적 인성(人性)의 후손들이 배출되지 않을까 하는게 필자의 소회이기도 하다.

부모의 환원(還元) 에너지는 자식들의 인생 후반의 삶을 주관(主管)하여 인생의 열매를 결실케 하는 인생 후반기의 중요한 필수(必須) 에너지이며, 손자들에게는 인생 중반을 주관하여 무성하게 자라게 하고 꽃을 피게 해주는 인생 중반기의 중요한 필수 에너지이며, 증손자들에게는 얼마나 원만(圓滿)하고 우수한 인재로 태어나게 하느냐 하는 씨앗의 에너지와 그 씨앗이 싹이 터서 자라나게 하는 인생 초반의 중요한 필수 에너지가 되는 것이다.

그러므로 '나'의 부모의 유해를 편안하게 잘 모시는 효심과 지혜는 이와 같이 삼 또는 사대까지, 또한 그 이상의 그 후손들에게 크게 영향을 주게 되는 것이다. 부모·조상의 유해를 편안히 모시는 일은 인간의 정신계를 관장하는 부처님의 자비와 하느님의 사랑의 힘이 미치지 못하는 인간의 육신을 형성하고 있는 물질계(物質界)의 영역이라고 하지 않을 수 없다.

대통령을 지낸 사람으로서 개인적인 비리는 책망 받아 마땅하나 나타나지 않은, 국가를 위한 공적인 봉사는 누구보다 월등한 분들이었으므로 노후의 안위도 보다 편안했으면 하는 마음이고, 그분들의 후손들까지 발전하고 행운이 따랐으면 하는 마음이지만 인생사 새옹지마라 했던가, 임기 내뿐만 아니라 임기 후에 건강, 재산, 명예 등에 불미스러운 일이 많이 생긴다면 그 자손들이 부모·조상의 사후를 편히 모시지 못한 무지에서 비롯된 것임을 발견할 수가 있으니 자업자득인 셈이다.

우리나라는 다른 국가들과 달리 산세 지형에 의한 자연 환경 에너지의 특수성 때문에 오기(五氣)가 구족한 역량 있는 최고 지도자들을 대대로 만나기 위해서는 하늘이 내려 주신 우리나라 산세 지형의 특수성을 궁구해서 천기(天氣=天機)와 지기(地氣=地靈)가 합성되어 만들어진, 땅 정기가 모인 곳을 찾아서 잘 활용하는 일이 중요한 일이 아닐 수 없다. 이는 국가와 민족의 운명이 지도자 한 사람의 능력과 지도력에 달려 있기 때문이다.

무기력하지 않은 지도자, 진퇴양난으로 헤매지 않는 지도자, 과단성과 결단성이 있는 용기 있는 지도자, 정의롭고 청렴한 지도자를 국민은 원한다.

세계는 지금 날이 갈수록 더욱 치열한 생존의 전쟁터로 변해가고 있기에 우리에게는 지혜롭고 용기 있는 지도자다운 지도자가, 국민의 믿음을 저버리지 않고 실망시키지 않는 정의로운 지도자가 더더욱 절실하다.

# 유종의 미를 거두게 하는 힘

인생이 유종의 미를 거두려면 양호한 후천 동조 에너지
(後天氣)를 받아야 한다.

아무리 훌륭한 선천 기운으로 태어난 인재라 하더라도 용두사
미 격인 인생이 되지 않고 매사를 훌륭하게 유종의 미를 거두려
면 운명을 만들어 가는 양호한 후천 동조 기운이 필수적이다.

타고난 선천 기운이 불균형할수록 더더욱 그러하다. 아무리 크
고 튼튼한 '복(福) 그릇'으로 태어났다 하더라도 그 '복 그릇'을 채
우지 못한다면 소리만 요란한 별 쓸모없는 빈 그릇일 따름이다.
어떤 일에 종사하는 사람일지라도 성공적으로 유종의 미를 거두
게 하는 힘은 후천 동조 기운이다.

예를 들어 최고 지도자를 비롯하여 사회적 국가적 중책을 맡
게 되는 시기는 대체적으로 인생의 후반부인 경우가 많으므로

노후(老朽)되어 가는 선천 기운의 기능(機能) 활성화를 위해서는 강하고 균형 있는 후천 기운의 동조가 더더욱 필수적이다.

누구든지 부족한 것을 탐하는 경우나, 가졌으면서도 더 가지려고 탐욕을 부리는 경우 등은 선천기가 불균형하거나 운명을 만들어 가는 후천기가 불균형하여 간섭받기 때문이다.

만약 선·후천기가 불균형하여 간섭받게 되면 오기 중에서 약한 기가 오히려 탐욕으로 변하고 강한 기를 악용하여 재물을 탐하거나 허세를 부리게 되는 등 후일에 돌이킬 수 없는 죄가 되고 후회와 고통과 낭패를 당하게 된다.

인생 후반부의 후천기는 부모가 돌아가셨으면 부모의 환원기가 강력하게 작용하게 되며, 동시에 조부모의 환원 에너지도 가세하게 되므로 부모와 조부모의 환원 에너지가 간섭이냐 동조냐, 즉 그분들의 산소가 흉지냐 길지냐가 인생 후반부를 매듭짓는 후천 에너지로서 참으로 중요하다. 이러한 사실에 대한 증거는 한 부분적인 예로 들자면 앞에서 지적한 우리나라 전직 대통령들의 치적과 퇴임 후의 결과와 그분들의 부모 산소의 혈장 조건들을 이 학문의 이론과 대비해 보면 알 수 있다.

이처럼 우리나라의 전직 대통령들은 비록 불균형하지만 경쟁상대보다는 강한 선천기(先天氣)를 타고나서 대통령이 되기는 했으나 인생을 잘 경영하고 유종의 미를 거두게 하는 후원군이 되는 조부모와 부모의 환원 에너지를 동조받지 못하고 오히려 간섭받게 됨으로써 자신이 불행해지거나 치적의 수혜자인 국민들에게 많은 실망감을 안겨 주게 되는 것이다. 이러한 원리는 모든 사람에게 다 같이 적용된다.

인생은 누구나 어떠한 책무, 어떠한 환경에서도 최선을 다하지만 자신의 의지대로 목표를 달성하는 사람이 과연 몇이나 되며, 또한 설정한 목표의 달성 지수는 몇 프로나 될까. 사회적, 국가적 주변 여건이나 남의 탓으로도 돌릴 수 있지만 중요한 것은 자신의 능력과 양호한 후천 동조 에너지라고 하지 않을 수 없다.

후천 동조 에너지는 부모·조상의 환원 에너지 이외에도 생활 환경에서 얻는 에너지와 운동과 생활 습관, 음식물의 섭취 등 일상의 섭생에서도 많은 영향을 받게 된다는 사실도 명심하고 노력한다면 많은 도움이 될 것이다.

# 후손들의 행복한 인생을 위하여

미래 후손들의 행복한 인생을 위하여 진지하게 고민하면서 설계하고 실천하자.

과거 없는 현재가 없고 현재 없는 미래는 없다.

조상은 과거요, 나는 현재이고 후손은 미래다.

과거는 현재를 만들었고 현재는 미래를 만들어 가고 있다.

조상은 현재의 나의 모습을 만들었고 현재의 나는 미래 후손들의 모습을 만들어 가고 있다.


인간은 누구나 자식으로 태어나서 부모가 되어 죽게 되지만 그 유전 인자 에너지는 영원히, 그리고 어김없이 그 자손에게 연이어 상속되어 후손으로 환생(還生)하게 된다.

현재의 우리는 어떠한 모습으로 살아갈 후손을 만들 것인가에 대하여 진지하게 고민하면서 설계하고 실천해야 하지 않을까.

실업가는 실업가대로, 정치가는 정치가대로, 과학자는 과학자대로, 교육자는 교육자대로, 한 가정의 어른은 어른대로 크고 작은 각자의 분야에서 죽는 날까지 나름대로 미래 후손들의 희망적 인생을 위하여 최선을 다해 노력하는 것이 우리들 각자 인생 본연의 책임을 다하는 것이 되지 않을까.

필자가 이 책을 세상에 내 놓는 이유는 이 땅의 풍수지리 연구가로서 이 분야의 발전과 미래 후손들의 희망적 삶을 위하여 책임을 다하고 나름대로 최선의 노력을 다하려는 것이다.

모든 생명체들이 그가 살고 있는 곳의 자연 환경 에너지에 의해 생존을 위한 적응적 진화(適應的進化)를 하듯이, 우리 인간은 지혜로써 주어진 자연 환경 에너지를 잘 선택하여 활용한다면 누구든지 자신의 유전 인자가 보다 개량(改良)된 우수한 선 인자(善因子)로 개선된 미래 후손이 되어 보다 가치 있게 성취된 인생을 살게 될 수 있음을 확신한다.

집터든, 묏자리든 자연은 김가(金哥), 박가(朴哥), 이가(李哥)와 남녀를 구별하지도 않고 소띠, 말띠, 개띠를 구별하지도 않는다. 자연은 언제나 묵묵히 그 자리에 있으면서 인간의 선의적(善意的)인 선택을 기다릴 뿐이다. 그러나 무의미하거나 무작정한 훼손은 하지 않아야 한다.

목이 타도록 갈증을 겪어보지 않은 사람이 물 한 잔의 고마움을 모르듯이, 부모·조상의 묘지가 흉지였기 때문에 인생살이에서 엎치락뒤치락하며 온갖 어려움을 겪어 보지 못한 사람은 몇 평 안 되는 명당 묏자리의 가치를 알지 못한다.

부모·조상 산소 혈장의 실체적인 자연 조건은 자손들의 역사 책이다. 인생은 선천 에너지를 바탕으로 하여 후천 에너지의 선악적 작용(善惡的作用)이 길흉화복을 갈라놓는다.

즉, 타고난 숙명적 에너지가 기본 그릇이 되고 태어난 후에 작용 받는 운명적 에너지의 대소, 강약, 선악적 작용에 대한 결과물(結果物)이 기본 그릇에 담기는 질(質)과 양(量)으로서 길흉화복의 질과 양으로 가름된다.

우리는 현재 여러 종류의 발전된 문명, 특히 의학 문명의 혜택을 많이 받으며 살고 있다. 날이 갈수록 문명의 혜택은 더욱 크고 많아질 것이다. 하지만 보통 사람인 우리는 혜택만을 바라보면서 수동적인 삶을 사는 것보다 능동적이고 적극적인 생각으로 미래 후손들의 행복한 인생을 위하여 진지하게 고민하면서 설계하고 실천해 보려고 애써야 하지 않을까.

# 부모·조상의 유해는 절대적인 에너지 요소

인간의 영혼에 선성(善性)의 정신적 에너지를 공급하고자 하는 종교와 살아 있는 자손들의 육신에 생명 에너지를 환원 공급하는 부모·조상의 유해(遺骸)는 성질이 서로 다르다(부모·조상의 유해는 자손들의 생명 에너지에 동조되어야 하는 절대적인 에너지 요소).

이 지구상의 모든 민족들은 제각기 자생적이거나 외래적이거나 그들 나름대로의 종교적 믿음을 갖고 영혼의 안정과 평화와 행복을 만들려고 노력한다.

종교라는 믿음으로 순화된 영혼은 천당이나 극락으로 간다고 치더라도 육신은 영혼이 가는 곳을 따라가지 못하고 어떠한 형태로든 그 후손이 예우하는 대로 물질 에너지로서 이 지구 환경 속에 남아 있게 된다. 그리고 그 남아 있는 육신에서는 특성적 물질 에너지가 파장으로 발산되어 그 자손들의 생명체 육신의 에너지와 교감 동조하여 육신과 영혼을 건강하게 하기도 하고 간섭 작용을 하여 병들고 나약하게 만들기도 한다.

1920년 미국의 신문에는 에디슨이 '죽은 자와 교신 장치 개발 중'이라는 기사가 나왔다고 한다. 발명왕 에디슨은 에너지 파장의 원리를 이용하여 전화 교신 장치를 발명한 과학자로서 우연히도 죽은 자의 무덤에서 에너지 파장이 발산되고 있음을 발견한 것이다. 그래서 그 무덤에서 나오는 특성적 에너지 파장을 교신(交信)해 보려고 연구하다가 끝맺지 못하고 11년 후 84세의 나이로 타계하였다. 하지만 그로 인하여 사람의 유골도 물질이므로 그 특성적 에너지 파장이 발산되고 있다는 사실이 확인된 셈이다.

예수님의 사랑과 나눔을 근본으로 한 십계명이나 석가모니 부처님의 자비와 보시를 근본으로 한 5계(五戒)와 8정도(八正道)는 모두가 인간의 육신을 자유자재로 부리는 영혼을 순화(馴化)시켜서 그 육신으로 하여금 행하는 모든 언행(言行)이 자신은 물론 주변의 모든 이들과 더불어 그 삶의 질과 양을 평화롭고 풍요롭게 하려는 실천 강령의 무한한 에너지이다.

특정 종교인이 아니더라도 사랑과 나눔과 자비와 보시 정신으로 아름답게 사는 사람들도 많지만 인간이 극한의 이기적 동물로 진화하고 있는 현실에서 생존 경쟁 마당인 오늘의 이 지구상에 이같이 인간의 영혼을 순화시켜 주는 종교라는 성스러운 진리의 에너지가 인간의 영혼에 공급되지 않았다면 인간들은 지금보다 얼마나 외롭고 삭막하고 살벌할까.

성인들의 진리와 가르침은 구구절절 인간의 영혼을 맑고 밝게 안정시켜 주는 에너지를 공급한다. 온갖 희로애락을 겪으면서 살고 있는 인간의 영혼을 향하여 사랑하라, 베풀어라, 나쁜 짓 하지 말고 욕심을 버려라, 성내지 말고 싸우지 말라, 선하게 착하게 살라고 잠시라도 영혼을 순화시킨다.

그러나 믿기만 하고 소원만 하면 전지전능하게 만사형통시켜 줄 것이라는 일부 편향적(偏向的)이고 유일적(唯一的)으로 맹종하는, 폐쇄된 종교관을 가진 기복 신앙자(祈福信仰者)들이나 사후의 부모 · 조상과 자손과의 물질 에너지 교감 작용을 부정하는 사람들은 본인 생활의 불균형뿐 아니라 주변의 형제 혈육들까지도 불행을 초래하는 경우를 많이 본다.

예기치 못한 불행한 일들을 겪고 있으면서도 운수소관이니, 팔자소관이니, 믿음을 시험하고 있다느니, 기도가 부실해서 그렇다느니 하면서 닫힌 마음을 열지 않는다. 생각과 마음을 조금만 열고 가까이서 그 원인을 한 번 찾아보는 지혜를 발휘해 보지도 않는 외골수들을 보면 참으로 안타깝기만 할 뿐이다.

대체로 인생을 순탄하게 살다가 고종명(考終命)을 하는 사람들을 제외하면 많은 사람들이 예기치 못하게 갑자기 찾아오는 인명 사고, 손재, 파산을 당하고 육신과 영혼마저 불치의 병이 드는 근본 원인들이 조상의 유해(遺骸)와 밀접한 관계가 있다는 사실을 확인할 수가 있었다.

갑작스레 찾아온 연이은 불상사가 감당할 수 없는 공포의 지경에까지 도달하면 우선 마음을 의지할 곳이 급하여 종교를 갖는다든지, 또는 기존 종교를 바꾸기까지 하면서 집안의 안정을 찾으려고 몸부림을 쳐 봐도 마음의 공포에서 헤어날 수 없으니 묘안을 찾느라고 서점에서 숨죽이며 책을 뒤지다가 인연이 된 분들의 부모·조상 산소를 감정해 보면 원인이 그곳에 있었다. 잘못된 부모·조상의 산소를 개선 조치하고 나면 빠른 회복이 시작되는 경우들을 볼 수 있었다.

필자가 이 학문을 열정적으로 연구하게 된 것은 필자 자신의 인생 문제가 계기가 되었다. 그러나 학문의 심오함에 신념이 생겨 몰입하다 보니 인생의 태어나는 근본과 그 삶의 과정에 대하여 자연 환경 에너지인 땅속의 조상 무덤의 조건과 그 자손들의 삶의 질량(質量)과를 관계 지어 나름대로 과학과 접목하여 연구해 온 수많은 현장의 체험적 연구 결과를 이 분야에 관심 있는 불특정 다수인들을 위하여 이 학문의 진실을 이해시키고 계몽시키고 싶은 충심이 간절하게 된 것이다.

자손의 영혼과 육신은 그 어떤 미지의 신으로부터 점지 받는다고 하지만 현상적(現象的)으로는 부모의 육신 에너지를 인연하여 황소가 바늘구멍을 통과하는 것이나 다름없는 행운으로 이 세상에 태어나서 영혼과 육신이 같이 자라고 살아가면서 희로애락을 경험하게 되고 부귀영화를 알게 되는 것이다.

육신의 병을 마음이 부른다는 말도 있지만 육신과 마음은 하나이기 때문에 결국 육신이 병들면 마음이 병들고 마음이 병들면 육신이 병들 수밖에 없다. 물론 개중에는 강한 정신력으로 병든 육신을 잘 보완해 나가는 사람도 있지만 실제로는 육신이 건강하지 않은 사람이 정신이 건강한 경우가 드물다는 사실이다.

부처님도 깨우침을 위하여 식음을 전폐하고 설산에서 수도 정진을 하시다가 육신이 너무 쇠약해져서 수도 정진을 더 이상 계속 할 수 없는지라 6년간의 고행을 포기하려 했다. 그 순간 나타난 수자타라는 여인의 우유죽 공양을 받고 건강이 회복되어 다시 정진하였고, 수도를 방해하는 온갖 마귀와 마왕까지 항복시켜 깨우침의 완성을 보셨다고 한다. 육신이 건강을 잃으면 모든 것을 다 잃게 된다. 우리 인생은 갖가지 음식, 보약, 운동, 자연 환경 등으로부터 직접적으로 육신에 필요한 에너지를 공급받는 것은 매우 중요하다.

그런데 필자는 돌아가신 부모·조상의 에너지와 자손과의 관계에 대하여 풍수지리 측면에서 연구를 하면서 음식, 보약, 운동, 자연 환경 등의 에너지보다 자손들에게는 근원적으로 중요한 에너지가 부모·조상으로부터 받는 환원 에너지가 있다는 사실을 알게 되었다.

나의 아버지는 할아버지의 진원 진기(眞元眞氣) 에너지로 생산된 씨앗을 수태(受胎)한 할머니의 진기(眞氣)로써 양육되어 태어났다. 그리고 '나'라는 존재는 부모로부터 그렇게 인연하여 태어난 것이다.

'나'라는 존재는 먼 조상으로부터 연기적(緣起的)으로 이어져 내려온 종성 인자에 의해 나의 조상, 나의 부모의 육신 에너지로부터 나뉘어 태어났다. 그러므로 '나'의 육신 에너지는 그 어떤 성스럽고 위대한 신과의 육친(肉親) 관계가 아닌 '나'의 부모·조상과의 육친(肉親) 관계로서 나의 육신의 에너지는 먼 조상을 근원으로 하여 나의 증조부모, 조부모, 부모의 육신의 에너지와 분신(分身)된 에너지이다.

그러므로 부모·조상의 사후 환원 에너지야말로 자손의 육신과 가장 맞는 유일무이의 양호한 에너지일 수밖에 없다. 이와 같이 나와 부모·조상은 분리될 수 없는 동일 육신이나 마찬가지인 선인연(善因緣)이므로 부모·조상의 생전뿐만 아니라 특히 사후의 그 체백을 매장을 하든 화장을 하든 최선을 다하여 소중하고 편안하게 모셔야 한다.

사후의 부모·조상의 체백이 편치 못하면 그 자손들이 편안할 수 없는 것은 물질 에너지의 특성적 관계 작용 원리이다. 또한 부모·조상과 자손과는 인간 생명체의 끊을 수 없는 물질 에너지의 인연 고리이다. 그러므로 종교적 편견이나 무지의 편견으로 영혼의 에너지만을 쫓아가다 보면 육신 에너지의 소중함을 지나쳐 버릴 수 있으니 귀하게 어렵게 태어난 인생을 위하여 최선의 지혜를 발휘하기 바란다.

영혼과 육신 중 어느 하나라도 모자람이 없는 선성적 동조 에

너지를 위하여 최선을 다하는 자만이 자신은 물론 이웃과 사회
에 베풀고 봉사하며 행복을 나누는 복된 인생을 살아갈 수 있을
것이다.

# 명당의 땅기운

혈장(穴場), 즉 명당(明堂)의 땅기운은 생기(生氣)이다.

묘소로 들어온 용맥이 생용맥(生龍脈)으로 이어져 있지 않으면 혈장(명당)이 아니다. 또한 묘소에 자연적인 혈장의 증거가 없으면 명당이 아니다. 혈장이 아니면 좌향(坐向)이건 물형(物形)이건 논하지 말라. 생기 있는 명당의 자손은 전화위복(轉禍爲福), 기사회생(起死回生)할 수 있으나, 생기 없는 불명당(不明堂)인 비혈장(非穴場)의 자손은 그 반대로 전복위화(轉福爲禍)하거나 기생회사(起生回死)할 수 있다.

명당의 땅기운인 정기는 음양오행의 글자로 만들어 내는 이기적(理氣的)인 기운이 아니고 자연이 만들어 놓은 조건을 갖춘 혈장인 땅의 실체에 실존(實存)하고 있는 땅기운이며 생명 에너지의 실체이다. 혈장의 생기란 자손의 생명을 주고 또 자손의 희망 성취를 위한 지혜로운 능력과 힘찬 기운을 주는 에너지이다.

그러므로 생기가 충만한 땅을 명당이라 이름하고 하늘이 만들어 땅에 감추어 놓은 비밀이라고 한다. 명당의 생기는 용맥기(龍脈氣)를 따라 혈심(穴心)에 공급되는 인간 생명체의 4대 원소인 수소(H-水), 산소(O-火), 탄소(C-金), 질소(N-木)의 총체적 생명 에너지로서 강하고 균형적일수록 그 명당의 에너지 역가(力價)는 높이 평가된다.

명당의 생기를 숙명적(宿命的)으로든 운명적(運命的)으로든 받는 자손은 그야말로 여의주를 얻는 격이다. 그리하여 명당의 자손은 건강하면서 장수하고, 지혜롭고, 정의롭고, 예의바르고, 창의·창조적이고, 지도자적 능력의 생기가 충만하다. 명당의 생기는 시작과 진행도 기운차고 원만하며 아름답지만 매사에 끝마무리를 더욱 아름답게 해주는 에너지이다.

우리나라의 역대 지도자를 지낸 분이나 그분들의 자제, 형제들이 하나같이 법의 처벌을 받는 것도 그분들이 조상으로부터 받는 생기가 선천적·후천적으로 불균형하기 때문이다. 그분들의 증조부모, 조부모, 부모님들의 산소를 거슬러 확인해 보면 전후좌우 사위(四圍)의 기운이 강한 쪽은 강하고 약한 쪽은 약하여 불균형하거나 조부모나 부모 산소 중에 아예 용맥기조차 없어 혈장이 아님을 확인할 수가 있었다.

전후좌우 사위(四圍)의 기운이 불균형하면 강하고 많은 기운은 과용(過用)하게 마련이고, 약하고 부족한 것은 탐(貪)하기 마련이다. 과용도 화근(禍根)이 되지만 탐하여 얻는 것은(貪得) 더더욱 큰 화근을 만든다.

중용지도(中庸之道)를 지켜서 선정(善政)의 치적을 남기지 못한 지도자였다면 설령 최고 지도자를 역임했다 하더라도 기운이 균형적인 진정한 명당의 생기를 받은 자손은 아니다. 아예 용맥기가 없는 조부모나 특히 부모의 산소가 있다면 어쩌다 시대에 따라 또는 국운에 따라 지도자가 되었더라도 그야말로 무명(無明)속에서, 또는 선잠에서 꾸는 꿈속처럼 어리둥절하게 임기를 마칠 수밖에 없을 것이다.

전후좌우 사위(四圍)가 균형 있는 진정한 명당의 생기를 선천 기운(先天氣運)으로 태어난 오덕을 갖춘 인재가 후천 기운(後天氣運)마저 진정한 명당의 생기를 받는 자가 우리나라의 지도자가 된다면 두말할 나위도 없이 국민은 행복해지고 나라는 부강해질 것이다.

# 명당은 개인만을 위한 것이 아니다

명당(明堂)은 한 가문이나 개인의 욕망을 위하는 것이 아니다.

일부 지식인까지도 명당을 애써 찾아 부모·조상의 묘를 쓰는 일을 전적으로 그 가문이나 개인의 부귀영화를 위한 이기적인 일로 잘못 이해하고 있는 것 같다. 이와 같은 잘못된 생각은 우리 민족이 오랜 세월 동안 체험한 봉건 사회의 세력과 그 가문들이 누리던 영화와 세도의 잔영이 남아 있기 때문이 아닐까.

봉건 사회에서 입신출세한 인물들은 거의 대부분 그네들의 세력과 가문을 유지하기 위한 당파 싸움만 하느라고 여념이 없었던 터에 백성들을 위하여 과연 무엇을 얼마나 어떻게 기여하고 공헌했을까?

하지만 이제 그러한 봉건 사회는 과거로 사라졌다. 오늘의 민주·자유 경쟁 사회의 탁월한 참인재들은 그를 세상에 나게 해준 가문의 영광이나 자신의 기쁨을 느낄 시간은 잠시뿐이고 오직 사회나 국가를 위한 일꾼일 뿐이다.

크든 작든 부(富)를 일구어 낸 인물들에게는 그를 태어나게 하고 인물을 만들어 주게 된 명당의 조건을 갖춘 조상 산소가 반드시 있었음을 확인할 수가 있었다.

실업가로서 탁월하게 태어난 참인재는 남다른 창의력, 판단력, 실천력으로 기업을 일으켜 부(富)를 창출하여 많은 국민들을 잘 살고 행복하게 하며, 사회를 넉넉하고 따뜻하게 만들고 국가를 부강하게 만든다. 소위 창업 1세들은 일구어 놓기만 하고 다 두고 가면서도 오직 기업을 키워 나가고 일구어 나가는 성취감과 사명감에 홀렸던 삶이었는지도 모를 일이다.

기업하는 사람들은 참으로 존경스럽다. 처음 시작은 자신이 살기 위해서였지만 키워 가고 일구어 가다 보니 결국 성취감에 신바람이 나고 기업이라는 생명체에 대한 애착과 사회적 사명감에 홀려 버리는 삶이 되어 버리지 않았을까.

마지막 관 속에 들어갈 때는 동전 한 푼도 손에 쥐고 들어가지 못하면서도 간혹 불미스럽게 자기 몫을 챙겼다고 권력의 닦달을 당하거나 사회의 비난을 받을 때도 있지만 그런 저변에는 부분적으로는 우리 사회의 구조적인 문제에도 그 원인이 있지 않을까. 설령 부분적으로는 사욕으로 자신의 몫을 챙겼다 하더라도 그들이 평생 동안을 정신적 육체적으로 사회와 국가에 기여한 못을 보면 일시적으로 정치 권력자가 되어 쉴 새 없이 파당적으로 자기 못 챙기기에 열 올리는 일부 정치 권력자들의 추태와 비할 수 있을까.

그러나 창업 1세가 일구어 놓은 기업을 2세, 또는 3세가 이어받자 기울거나 몰락하는 데에도 창업 1세, 또는 2세의 산소가 흉지에 놓여 있는 안타까운 경우도 확인할 수가 있었고, 심지어 어머니의 산소를 흉지에 쓰고 일시에 몰락해 버린 모 대그룹 창업자의 경우도 안타까움을 금할 수가 없었다.

과학자로서 탁월하게 태어난 참인재들은 연구가로서 창의력을 발휘하여 고부가 가치의 품목을 연구 발명·발전시켜 수출로 외화 획득은 물론이거니와 국가 산업 발전에 크게 기여한다. 리더십이 있는 탁월한 정·관계의 참인물들은 산학(産學)계의 이러한 노력들이 최대의 성과를 거둘 수 있도록 비전 있는 정책을 적극적으로 펼쳐서 뒷받침과 선도적인 역할을 하는 일에 기여한다.

참인물과 참인재들은 성취의 기쁨과 사명감을 인생의 보람으로 삼는 비중이 더 클 것이다. 왜냐하면 인(仁), 덕(德), 예(禮), 지(智), 신(信)의 오덕(五德)이 갖추어진 참인물은 부정과 불의를 멀리하고 멸사봉공(滅私奉公)의 정신이 투철하기 때문이다. 결국 큰 일을 해내는 참인물과 인재는 사회와 나라가 필요로 하고 그런 참인물과 인재는 땅 정기가 좋은 명당의 기(氣)를 받고 태어나기 때문에 현대 사회에서 명당을 찾아 조상의 묘를 쓰는 일은 한 가문이나 개인을 위한 이기적인 일이 결코 아니다.

이러한데도 명당 묏자리를 찾아 부모·조상을 모시는 일을 한 가문이나 개인의 욕망에 지나지 않는다는 생각이라면 그 사람은 현대 시대가 아닌 봉건 시대를 살고 있는 사람일 것이다.

# '복 그릇'의 소유자가 필요하다

크고 강하고 균형 있는 '복(福) 그릇'의 소유자는 국가와
사회가 필요로 하는 인재이다.

우리 사회는 국가 최고 지도자를 정점으로 하여 정·관·재계
의 각 계층별 지도자와 산·학·의·약 등 각계각층의 리더와
연구가들, 크고 작은 기업을 창업하고 경영하는 사람들, 그리고
더욱 발전하여 기업 그룹을 경영하는 사람들, 이 모든 사람들 나
름대로의 '복(福) 그릇'들을 지도층으로 하여 원뿔, 또는 삼각뿔
형태의 조직을 형성하고 있다.

과거, 현재, 미래를 막론하고 국민과 국가가 있고 조직이 있는
한 리더십이 있는 지도자와 창의력이 있는 인재는 국력이며, 국
민과 국가의 보물 중의 보물이다. 국가 최고 지도자의 좋은 그릇
은 그의 지도력으로 전국민을 행복하게 해주는 가장 큰 '복 그릇'

이요, 정·관·재계와 산·학·의·약 등 각계각층별 지도자의 크고 좋은 그릇은 각각의 분야별로 국민을 행복하게 해주는 '복 그릇'들이다.

창의적인 구상력, 정확한 분석력, 실천 추진력, 신뢰할 수 있는 비전, 비독선적이며 편협하지 않고 화합적이면서 균형 있는 강력한 지도력을 겸비한 '복 그릇'의 소유자를 만나는 국민이나 사회 각계각층의 조직원은 행복할 것이다.

그러므로 크고, 강하고, 좋은 '복 그릇'의 소유자는 국가와 사회가 필요로 하는 인재이다. 일반 백성들의 잠재 능력이 억압받았던 봉건 국가와 사회에서는 기득권을 가진 극소수 지배층 개인의 출세와 성공이 한 가문의 영광과 치부로 끝나는 경우가 다반사였지만 민주, 개방, 협의의 현대 국가 사회에서의 출세와 성공은 가문보다는 국가와 사회에 이바지함이 한량없이 큰 것이다.

우리 사회는 불안정한 그릇을 가진 사람들이 훨씬 많은 비중을 차지하고 있지만 소수의 균형 있고 조화롭고, 크고, 강하고, 좋은 '복 그릇'을 가진 사람들의 창의력과 지도력으로 그 조직 안에서 일사불란하게 일하며 살아가고 있는 것이다.

우리 사회를 이끌어 가는 정·관·재계의 각 지도 계층별 리더의 숫자를 각 전문 분야별로 열거할 수도 있겠으나 결국은 삼각뿔의 형태를 이루고 있는 것이다.

우리나라 인구가 5,000만 명이라면 5,000만 분의 1의 최고 꼭짓점인 대통령을 비롯하여 수천만 분의 몇인 지도층, 다음으로 수백만 분의 몇 퍼센트, 수십만 분의 몇, 수만 분의 몇, 수천 분의 몇 등 계층적 조직이 있으면서 사실상 극소수인 지도층의 창의력과 리더십으로 인하여 모든 층층의 조직원들이 노력하며 보조를 맞추면서 살아가고 있는 것이다.

그러므로 지도자는 인(仁), 의(義), 예(禮), 지(智), 신(信)의 덕목을 고루 갖춘 '복(福) 그릇'을 타고나는 것이 중요하며 그러한 '복 그릇'을 가춘 지도자를 배출할 수 있는 에너지는 자연이 만들어 놓은 명당 혈장이 가지고 있다.

교육을 백년대계라고 하지만 기본적으로 담을 그릇이 되어 있지 않은 사람은 아무리 좋은 교육을 시키고, 최고 수준의 대학을 나와도 그 좋은 교육과 최고 수준의 학력 가치를 제대로 발휘하지 못한다. 학교에서 우등생이라고 해서 사회에서까지 모두 우등생이 되는 것은 아니라는 말처럼 타고난 '복 그릇'이 불균형한 사람이나 불균형한 악성 후천 에너지를 받는 사람은 결과적으로 국가와 사회가 필요로 하는 인재가 되지 못한다.

우리나라는 70% 이상이 산이며, 그 산은 거의 대부분 산맥, 즉 용맥으로 이어져 있다. 그러나 그 많은 용맥들 중에 병들고 힘없는 것을 제외하고 나면 생명력이 있는 생용맥은 얼마 되지 않는다. 또한 생용맥이라고 모두 명당 혈장이 형성되는 것도 아니다. 그러고 보면 명당 혈장이란 사실상 그리 많지 않다. 그러나 명당 혈장은 지금도 남아 있고 앞으로도 남아 있을 것이다.

명당 혈장은 지도자를 배출하는 곳이기 때문에 다가올 그 시대의 지도자를 배출시킬 주인을 기다리고 있는 것이니 이것이 바로 자연을 다스리는 신의 섭리라고 생각한다.

후손에게 크고 강한 좋은 '복 그릇'을 갖고 태어나도록 노력하는 일은 국가와 사회의 미래를 위하는 일이라 하지 않을 수 없으며, 신념과 의지를 다하여 노력하는 사람만이 꿈을 이룰 수 있다.

# 자손은 조상을 닮는다

자손들의 '복(福) 그릇'은 조상 묘소 혈장의 조건을 닮는다.

실명을 말하면 알 만한 집안의 중소기업가인 K사장의 이야기를 소개한다.

풍수지리에 관심이 많아서 잘 한다는 풍수에게 자문을 받아 명당이라고 지정해 주는 산에다 선친을 모셨다. 그런 후로 본인뿐만 아니라 형제들의 사업도 불안정해지고 큰며느리까지 집을 나가 버렸다는 것이다. 요청이 있어 산소 감정을 해보았더니 머지않아 인명 피해까지 연달아 생겨 날 흉지였다. 이윽고 공감대가 형성되어 수개월을 애쓴 결과 정말 좋은 명당이 인연이 되어 그곳으로 이장을 했다.

그 후 큰아들은 새장가를 들게 되었는데 어느 날 길에서 우연히 K사장을 만나게 되었다. 반갑게 인사를 나누었는데, "나 손자

봤습니다.”라고 하기에 순간 반가워서, “아 그래요?” 하고는 가장 관심 있는 부분인, “그래, 손자 사주는 어떻던가요?” 하고 물었더니 내말이 땅에 떨어질세라 바쁘게, “말도 마이소, 왕(王) 사주요. 왕 사주.”라며 아주 좋아했었다. 그런 후 얼마간의 시일이 지나 또 길에서 우연히 K사장을 만나게 되었다. 반갑게 인사를 나누었는데, “나 또 손자를 봤어요.” 바쁘게 살다 보니 세월 가는 줄도 몰랐는데 벌써 둘째 손자를 봤다는 말이다. “아 그래요. 근데 그 애 사주는 어떻던가요?” 하니, “그것도 왕 사주요, 왕 사주.”라며 만족해했다. 말하자면 큰 지도자급의 인재가 될 기본 ‘복(福)그릇’을 가진 손자를 봤다는 말이다. 즉, K사장의 선친은 그 손자에게는 증조부가 되며 그 산소의 혈장 에너지가 그만한 인재가 될 만한 사주 숙명을 가진 자손이 태어날 명당인 것이다.

이것이 바로 인간의 종자는 개선할 수 있다는 명당 땅기운의 진실이고 조상 환원 에너지의 관계 작용 법칙이며 자연의 순수한 질서이다.

땅은 인간의 선택에 따라 그가 가진 에너지를 선택한 자의 조상에게 상속하고 그 조상은 땅으로부터 받은 에너지를 그 자손에게 환원 상속해 준다.

아무 땅에다 부모·조상을 묻어 놓고도 좋은 땅이라고 명당이라고 믿는다고 되는 일이 아니다. 분명한 것은 부모·조상의 영혼이나 자손들의 믿음이 아니라 땅이라는 물질 에너지와 유골이라는 물질 에너지와 생명체인 자손 육신 에너지의 삼각관계인 것이다.

자식은 아버지의 육체와 정신에 담겨 있는 일체의 정보를 유전 상속받는다. 뼈대의 대소·강약, 피부·혈액·오장 육부의 강약, 성격의 급하고 느림, 선하고 악함, 두뇌의 성능, 창의력, 인내심, 반듯한 심성, 비뚤어진 심성 등등 강한 부분은 강한 대로 약한 부분은 약한 대로 아버지의 육체 에너지와 정신 에너지에 담겨 있는 일체의 정보 에너지가 입력되어 종자(種性因子)가 만들어진다.

아버지의 육체 에너지와 정신 에너지에 담겨지는 이러한 정보 에너지들에 영향을 주는 에너지들은 아버지가 살고 있는 모든 자연적, 인위적 환경으로부터 받는 좋고 나쁜 에너지와 일상의 섭생에서 스스로의 노력으로 얻어지는 에너지와 직장이나 생업에 종사하면서 받는 공해와 정신적 스트레스와 즐거움도 에너지로서 아버지의 육체적, 정신적 건강 정보에 담겨서 종자 생성에 입력되어 유전 상속되어진다.

이렇게 아버지의 몸속에서 만들어진 종자가 어머니의 몸속에 심어지면 10개월 동안 어머니의 정신적, 육체적 일체 정보를 상속받으면서 어머니의 건강 상태에 따라 보완이 되거나 오히려 나빠지거나 하는 과정을 거쳐 태어나게 되는 것이다.

그런데 대부분의 사람들이 종자를 만드는 아버지의 육체적, 정신적 에너지에 가장 중요한 역할을 하는 에너지가 '조상 환원 에너지'의 동조, 또는 간섭 에너지라는 사실을 알지 못하고 있다.

조상의 환원 에너지는 조상 산소의 혈장 조건과 유골의 상태에 따라 아버지의 육체와 정신 에너지에 동조, 또는 간섭으로 작용하게 되어 종자의 질(質)이 결정되는 데에 결정적인 영향을 미친다는 사실이다.

이러한 '조상 환원 에너지'의 질(質)을 결정짓는 혈장의 조건은 자연이 만들어 놓은 작품으로 전후좌우로 혈심을 감싸고 있는 조건들이 흡사 그릇과 같기 때문에 혈장을 용기(容器)에 비유하기도 한다.

이러한 혈장은 용맥기(龍脈氣)가 들어와서 묘 뒤에 그 기운이 두툼하게 모여 있는 곳, 즉 취기점(聚氣点)은 입수정(入首頂)으로서 혈심(穴心)에 수기(水氣)를 공급하고, 묘 왼쪽에서 두툼하게 혈심을 보호하는 곳은 청선익(靑蟬翼)으로서 혈심에 목기(木氣)를 공급하고, 묘 오른쪽에서 두툼하게 혈심을 보호하는 곳은 백선익(白蟬翼)으로서 혈심에 금기(金氣)를 공급하고, 묘의 앞쪽에서 두툼하게 혈심을 보호하는 곳은 전순(氈脣)으로서 혈심에 화기(火氣)를 공급하고, 중앙 혈심에는 전후좌우 사방(四方)에서 공급받은 물질 원소 에너지인 수(水=H), 목(木=N), 화(火=C), 금(金=O)이 합성되어 토기(土氣)가 형성됨으로써 수(水), 목(木), 화(火), 토(土), 금(金)의 오행 오기(五行五氣)를 갖춘 묘소 혈장 조건의 사주(四柱)가 형성된다.

조상 묘소 혈장 조건의 오행 오기는 자손들의 오장육부의 강약을 주관(主管)함으로써 자손들의 정신적 육체적 건강 복, 수명

복, 재물 복, 관·권·명예 복 등의 특성 있는 다양한 인생의 '복 그릇'을 만들어 준다.

조상 환원 에너지는 자손들이 태어나는 종자 생성에 그 어떤 에너지보다 강하게 작용하기 때문에 자손들의 숙명적 에너지인 사주는 조상의 묘소 혈장 조건의 사주와 닮게 되는 것이다. 혈장의 조건은 전후좌우의 각 부위가 균형적일수록 좋지만 절대로 인공적으로 만들 수 없는 것이며 자연이 만들어 주는 까닭에 인간이 바라는 대로 완벽하게 균형적일 수도 없다.

그러나 조상 묘소 혈장 조건인 오행 오기가 균형에 가까울수록 자손들은 균형 있는 좋은 '복 그릇'을 숙명적으로 타고나게 된다. 즉, 오복(五福)을 두루 고르게 갖춘, 크고 튼튼하고 반듯한 그릇의 소유자가 되는 것이니 이는 최상의 인생을 성취할 수 있는 기본 바탕을 갖고 태어나게 되는 것이다.

이러한 자손들은 육체적 건강은 말할 나위 없지만 정신적 에너지도 지혜롭고, 재능 있고, 창의적이고, 어질고, 덕망 있고, 포용적이며, 정의롭고, 예의바르고 의지와 신념이 굳건한 훌륭한 인재가 되어 정·재·관·산업계 등 다방면에서 국가와 사회의 지도자로서 공헌하게 되는 것이다.

그러나 조상 묏자리 혈장 조건의 오행 오기가 불균형할수록 자손들의 사주(오행 오기)도 불균형하게 태어나므로 이는 한 인생의 불균형한 기본 에너지가 되어 인생살이를 엎치락뒤치락하면서 온갖 역경을 겪으며 살아야 하는 것이다. 즉, '복(福) 그릇'이

크고 작게 찌그러졌거나, 또는 크고 작은 구멍이 났거나, 크기는
하지만 작은 충격에도 찢어지고 깨지는 나약한 그릇들인 것이다.

오행 오기가 불균형한 '복 그릇'의 자손들은 육체적 건강도 불
균형할 뿐 아니라 정신적 건강마저도 불균형하다. 머리는 좋더라
도 깊지 못하고 얕아서 잔머리나 잔꾀를 잘 쓰거나, 성격이 아주
급하지 않으면 아주 바보스럽게 모자라거나, 허욕이 많지 않으면
전혀 욕심이 없거나, 사려가 깊지 못하고 경망하고 용렬하거나,
옹고집이거나, 주색잡기에 쉽게 빠지거나, 부도덕하거나, 자제력
이 없거나, 사고방식이 긍정적인 면보다 부정적이고 역성적(逆性
的)이거나, 특히 혈육 간에 모여서 협의를 할 때에는 배려 있는
설명보다는 상하의 분별도 없이 큰소리나 고함으로 제압하려고
하는 등이다.

이와 같이 인생은 누구나 제각기 가질 수 없는 모든 것들에
대하여 가지각색의 숙명적(宿命的)인 분복(分福), 즉 '복 그릇'을 타
고 난다는 사실을 부인할 수 없는 것이며 대소 강약을 알지 못
하는 자신의 '복 그릇'을 채우기 위하여 각고(刻苦)의 노력을 다하
며 살아가고 있는 것이다.

그러면 어느 조상 묘소의 혈장 조건이 나의 사주 오행 오기를
닮을까? 그것은 내가 태어날 때 나의 씨앗(種性因子)을 만드는 나
의 아버지가 가장 강한 환원 에너지를 받게 되는 조상이다. 즉,
나에게는 증조부모가 되고 아버지에게는 조부모가 되는 조상이
며, 유골이 있는 증조 이상의 조상 에너지도 합성이 된다. 만약

나의 조부모가 내가 태어나기 전에 일찍 돌아가셨으면 그 조부
모의 환원 에너지가 가장 큰 영향력이 될 수 있다. 그렇다고 동
일 조상, 동일 부모로부터 태어난 모든 자손들의 '복 그릇'이 다
똑같은 것은 아니다. 왜냐하면 자손들마다 혈장 조건에 해당 되
는 부위가 다른 점이 가장 큰 원인이고, 태어날 때 부모의 건강
상태, 나이, 생활환경, 업력 등 다른 조건들이 다르기 때문이다.

그러나 조상 묘소 조건의 오행 오기가 자손들의 사주(四柱 : 五
行五氣)를 만들어 준다는 사실은 어느 가문을 막론하고 조상 묘소
조건과 자손들의 사주를 대조해 보면 그 사실을 증명할 수 있다.

조상이 반복(半福)을 준다는 우리 속담도 있지만 자손들의 기본
'복 그릇'을 만들어 주는 에너지는 절반 이상이 조상 환원 에너지
가 작용하게 된다는 사실은 초자연적 질서로서 동일 유전자인
동일 물질 원소에 의한 동일 에너지 파장의 공진 작용(共振作用.
같은 진동 속의 에너지 파장끼리는 서로 만나서 같은 진동수로 운동하는
것)이라는 물질 에너지의 특성적 작용 법칙이라는 사실을 인식한
다면 부모·조상과 자손과의 관계는 이해가 될 것이다.

명당 혈장에다 부모·조상을 모시고 후손들이 양호한 동조 에
너지를 받게 하는 것이 최선책(最先策)이지만, 여의치 않으면 흉
지에다 부모·조상을 모시고 후손들이 악성적 간섭 에너지를 받
는 것보다는 화장으로 모시고 큰 악성 간섭 에너지를 피하게 하
는 것이 후손들을 위한 차선책(次善策)이 될 것이다.

118

# 사주팔자는 선천 에너지이다

사주팔자(四柱八字)는 '복(福) 그릇'이고 '숙명(宿命)'이고 선천 에너지(先天氣)이다.

한 인생의 '복(福) 그릇'은 종자가 심어지는 그 순간에 결정된다. "복이 있어야 돼.", "복을 타고 나야 돼.", "조상이 반복(半福)을 준대." 이 같은 복 타령은 태어날 때의 연월일시로서 정해지는 역술적(易述的) 음양오행의 여덟 글자인 사주팔자를 두고 하는 말이다.

사주팔자에는 그 사람의 건강, 수명, 재물 복, 부부 복, 자녀 복, 명예·권력·관직 복, 지혜와 재능, 그리고 성격, 인품 등 인생살이 전반에 대하여 숙명적 기운, 즉 선천 에너지의 크고 작음, 강하고 약함, 길고 짧음, 높고 낮음 등의 정보가 담겨져 있다고 해서 사주팔자를 '복 그릇'이라고 하며 이 그릇 자체는 고칠 수 없는 것이라고 해서 숙명(宿命)이라고 한다. 이 세상에 태어나기 전에 형성된 기운이기 때문에 선천 에너지라고도 한다.

2005. 12. 26자 조선일보에는 현재 우리나라에 운명 산업에 종사하는 역술인과 무속인이 45만 명(또 다른 통계로는 역술인 30만 명, 무속인 50만 명)이며 우리 국민이 1년에 여기에 쓰는 돈의 규모가 2조 원(역술인 협회 추산)으로 우리나라 영화 산업 규모 2조 3천억 원과 거의 맞먹는다고 한다. 인터넷 사이트 '사주닷컴'은 코스닥 상장까지 할 예정이라고 한다. 심지어 10여 개 대학에서는 역술을 '생활 역학'이라고 이름하여 제도권으로 끌어들여 관련 학과를 개설할 예정이라고도 한다. 필자가 이 글을 쓰는 시간인 2009년으로부터 4년 전의 실상이므로 지금은 아마 그 규모가 더 늘어났을지도 모른다.

각종 선거철, 대학 입시철, 자녀들의 결혼 문제, 새해 가족들의 건강과 재수가 궁금해서 본인 또는 가족이 점(占)을 보는 데에는 '복 그릇'인 사주팔자가 기본 자료가 되며 내 육신과 영혼에 입력, 저장되어 있는 이 숙명적 선천 에너지는 죽을 때까지 일생의 기본 역할을 하게 된다.

이 '복 그릇'은 작으면서 단단한 것과 무른 것, 크면서 단단한 것과 무른 것, 그리고 반듯한 것, 찌그러진 것, 깨지거나 금간 것, 크고 작게 구멍이 난 것 등 제각기 다른 것이니 이러한 진리를 알게 되는 것도 인생살이에 산전수전을 겪으면서 한참을 살고 난 후의 일이다.

대부분의 사람들은 자기 '복 그릇'이 큰지 작은지, 튼튼한지 약한지, 구멍이 났는지를 모르기 때문에 그릇이 작고 약한 사람들은 과욕하고 허욕을 부리다가 그릇이 깨지고 넘치고 터져서 낭패를 당하게 되는 경우가 허다하다.

성실하게 노력하니까 되더라고 하는 사람도 많고 반대로 아무리 성실하게 노력해도 안 되더라는 사람도 많다. 이 양자의 차이에서 분명한 것은 각자 '복 그릇'의 결함이 있고 없는 데에 그 원인이 있다고 봐야 하지 않을까.

그러므로 우선 먼저 크고 튼튼한 '복 그릇'의 소유자가 되어야 하는데 이미 태어난 사람의 '복 그릇'은 바꿀 수도 고칠 수도 없다.

그러나 앞으로 태어날 자손들의 '복 그릇'은 그 부모의 노력 여하에 따라 질적, 양적으로 양호하게 만들 수 있다. 왜냐하면 내가 태어나게 되는 씨앗(種性因子)은 아버지의 진원 진기(眞元眞氣)로 만들어지므로 그 씨앗의 질(質)은 아버지의 생명 에너지의 조건과 그 씨앗을 받아 기르는 어머니의 육신과 영혼 에너지의 조건이 내 '복 그릇'을 만드는 조건이 되기 때문이다.

그렇다면 씨앗을 만드는 아버지의 진원 진기(眞元眞氣)는 어떠한 에너지들에 의해 생성(生成)될까?

아버지의 진원 진기(眞元眞氣)는 아버지가 '① 타고난 선천 에너지'+'② 생활하고 있는 환경으로부터 받는 에너지'+'③ 음식, 운동을 포함한 섭생(攝生)으로부터 얻는 에너지'+'④ 좋은 마음, 나쁜 마음, 좋은 행위, 나쁜 행위 등 마음 씀씀이와 각종 행위에 의하여 발생하는 에너지'+'⑤ 증조부모 이상의 조상으로부터 받는 조상 환원 에너지'가 합성된 총체적 생명 에너지에 의하여 생성된다. 그러므로 아버지의 진원 진기의 강약(强弱), 대소(大小), 선악(善惡), 미추(美醜)는 곧 씨앗 에너지의 강약, 대소, 선악, 미추를 결정짓게 된다.

그리고 그 씨앗을 받아 기르는 어머니도 위와 같은 원리에 따라 그 육신과 영혼 에너지의 질량(質量)이 결정되며, 씨앗이 자라는 영양소로서 '복 그릇'의 대소, 강약, 선악, 미추를 좌우하게 되는 것이다.

이렇게 만들어지고 자라는 씨앗은 부모가 가지고 있는 모든 정보, 즉 지혜, 재능, 성격, 심지어 주량(酒量), 어떤 취미나 끼에 이르기까지 부모가 생각하고 행하는 모든 정보는 에너지로서의 부모가 당시에 받는 에너지의 질과 양의 강약과 선악에 따라 개선(改善), 또는 개악(改惡)이 되면서 씨앗에 입력, 상속되어 나름대로의 특성 있는 '복 그릇'이 만들어져 세상에 태어나게 되는 것이다.

위의 열거한 '①, ②, ③, ④, ⑤'의 에너지들은 태어나는 자손들에게 절대적 영향을 줄 뿐만 아니라 태어나서 일생을 마칠 때까지 삶의 과정에서도 필요한 에너지로서 절대적인 영향을 끼치는 에너지이다.

그런데 여기서 중요한 사실은 씨앗이 만들어지고 길러지는 에너지로서 조상 환원 에너지가 절반 이상의 영향력이 있다는 사실이다. 특히 내가 태어나기 전에 돌아가신 증조부모는 아버지의 할아버지와 할머니로서 나의 씨앗이 만들어지는 시기에 아버지에게 가장 영향을 많이 주는 조상 환원 에너지이기 때문이다. 조상 환원 에너지는 당연히 조상 묘소 혈장 조건의 특성에 따라 대소, 강약, 선악, 미추가 결정된다.

혈장이 아닌 곳을 억지로 조성을 해서 쓴 묘는 아무런 좋은 증거가 있을 수 없지만 자연이 만들어 놓은 혈장은 전후좌우에 좋은 특성적 증거들이 있기 때문에 명당(明堂)이라고 하며, 이러한 명당의 자손은 주로 증손자가 그 명당의 특성대로 재물 복, 명예 복, 권력과 관직 복, 재능 등의 '복 그릇'을 가지고 태어나서 그 분야의 지도자로서 사회와 나라에 기여하게 된다는 사실이다. 명당 한곳이라도 어렵사리 인연이 될 수 있다면 개천에서 용 나는 경사가 일어날 것이다.

큰 실업가의 '복 그릇'을 타고난 사람은 어김없이 그러한 특성이 있는 '복 그릇'의 자손을 점지해 준 조상의 명당이 있었고, 안정된 관직 생활과 고위 공직자로서 명예를 지킨 사람은 그런 '복 그릇'을 점지해 준 조상의 명당이 있었다. 다만 아쉬운 점은 우리나라의 여러 정치 권력자들의 조상 산소들은 혈장의 기운이 균형적이지 못하고 어느 특정 부분만 강한 불균형한 인성(人性)으로 인하여 스스로 우여곡절과 파란중첩한 사안들을 만들어 삶의 과정이나 결과가 순탄치 않고 아름답지 못한 점들이 있었다.

힘이나 지위를 이용하여 몇 백억, 몇 천억의 재물을 끌어 모았어도 그 재물을 담아 놓을 그릇이 작거나 구멍이 나 있으면 썰물처럼 다 빠져나가고, 아무리 권력을 잡았어도 그 권력을 담을 그릇이 불균형하면 끝내는 낭패를 당하게 된다. 평범한 사람도 '복 그릇'이 구멍 나 있다면 들어와서 멈출 사이도 없이 나가기 바쁘다.

'복 그릇' 타령이 심한 것 같지만 누구나 자신을 위하여 최선을 다하여 노력하는데도 불구하고 그릇의 차이가 아니라면 잘 살고 못 사는 차이도 없어야 하지 않을까.

아무튼 인생에는 그 뭔가를 담을 수 있는 그릇이 긴요하다. 태어나는 놈이야 망연지중(茫然之中)에 세상을 보게 되는 것이니 제 '복 그릇' 타령할 처지가 아니지 않은가.

그렇다면 2세, 3세, 4세를 태어나게 하는 부모와 조부모가 되는 사람들의 지혜와 신념과 의지가 태어나는 후손의 '복 그릇'을 만들어 주는 주역(主役)이 되는 것이다. 각고의 노력으로 후손 중에 비록 한 자손이라도 크고, 강하고, 원만한 '복 그릇'의 소유자가 태어난다면 그는 곧 인재이며 지도자적 인물이므로 그로 말미암아 우리 사회와 미래가 얼마나 행복하고 부강하게 될 것인가.

좋은 '복 그릇'을 가진 후손의 출생을 위하여 열망과 염원과 신념과 의지로써 지혜로운 최선의 노력이 있어야 할 것이다.

더구나 부모·조상을 화장으로 모셨다면 비록 남은 적은 유골이라도 기운이 있으므로 더 이상 나쁜 기운으로 변하지 않도록 합리적으로 잘 모시고 앞에서 열거한 '②+③+④'의 에너지들을 취하는 일에 그야말로 최선을 다한다면 흉지에다 부모·조상을 장사 지내고 악성적인 간접 에너지로 흉화를 당하는 자손들과는 비교할 수 없이 그 노력에 상응하는 좋은 '복 그릇'의 후손 출생을 기대할 수 있다.

# 타고난 '복(福) 그릇'은 어떻게 하면 채워질까?

인생이란 좋은 '복(福) 그릇'의 소유자로 태어나는 것도
중요하지만 그 '복 그릇'을 채우는 일도 중요하다.

인생은 태어나면서부터 경쟁이다. 아버지 몸속에서 달려 나가
3억 분의 1이라는 지상 최대의 경쟁에서 승리하여 어머니의 몸
속에 안착함으로써 1차 경쟁은 성공한 셈이다. 그리고 어머니 몸
속에서 약 10개월을 편안하게 자라 세상 밖으로 나오는 순간의
연월일시가 나의 '복 그릇'으로서 이 '복 그릇'이 한 인생의 본바
탕이 되어 한 치 앞을 모르는 첩첩 미로 속 인생 여정이 시작되
는 것이다.

타고난 내 '복 그릇'이 큰지 작은지, 강한지 약한지는 모르지만
이제부터 나는 죽을 때까지 타고난 그 '복 그릇'에 그 무엇인가를
채울 수 있는 힘이 필요한데, 그 힘이란 숙명적 에너지에 작용할

운명적(運命的) 에너지가 되는 후천 에너지(後天氣=태어난 후에 작용을 받는 에너지)의 절대적인 동조(同調)다. 이제부터 내 인생은 숙명적 에너지+운명적 에너지의 인생이 된다.

'숙명적 에너지'가 '복 그릇'이라면, '운명적 에너지'는 그 '복 그릇'에 담겨지는 물건이다. 아무리 그릇이 크고 강하고 좋아도 양질의 그 무언가를 채우지 않으면 그 가치를 발휘하지 못하고 쓸모없는 빈 그릇이 되고 만다. 이 그릇을 채우는 데는 필사적인 노력과 눈에 보이지 않는 어떤 절대적인 힘이 필요하다.

인생은 태어나는 경쟁부터 시작하여 공부와 시험 경쟁, 취직 경쟁, 사업·돈벌이 경쟁, 출세 경쟁, 심지어 형제들도 선의의 경쟁자라고 할 정도이니 이 세상 어느 구석에도 경쟁을 피할 수 있는 곳은 없다. 경쟁에서 승리하려면 역시 강력하고 좋은 에너지의 소유자가 되어야 한다.

좋은 후천 에너지는 생활하고 있는 환경으로부터 좋은 에너지를 받아야 하고 음식, 운동을 포함한 섭생을 잘하여 좋은 에너지를 얻어야 하고, 마음 씀씀이를 아름답게 하고, 덕성스러운 각종 행위를 행하여, 영혼을 맑고 밝게 가꾸어서 발생하는 정신적 에너지와 부모·조상으로부터 동조 환원 에너지를 공급받아 육체적, 정신적으로 생기와 활기가 충만해야 한다. 특히나 성인이 되어 배우자를 맞이하는 일은 죽을 때까지 오랜 세월 동안 육체적, 정신적으로 가장 밀접한 상대적인 후천 에너지이기 때문에 그 선택이 서로에게 얼마나 중요한지를 알아야 한다.

그런데 가장 크고 강하게 영향을 주는 후천 에너지도 역시 부모·조상의 환원 에너지라는 사실이다. 대체적으로 별다른 변화 없이 평범하던 집안에서 부모가 돌아가신 이후에 좋은 일이나 나쁜 일들이 많이 발생하는 사례들을 실제로 체험한 집안도 많고, 이야기도 주변에서 흔하게 많이 들을 수 있다. 주로 부모 장사 이후에 흉한 일들이 발생하여 산소들을 감정해 보면 증명이 되고 또한 좋은 곳으로 이장을 하고 나면 시간적 차이는 있더라도 반드시 호전되니까 그 사실이 증명되지 않을 수 없는 일이다.

성공한 사람들의 말을 들어보면, "인생은 99%의 노력과 1%의 행운."이라고 말하는 사람도 있고, "그저 슬슬 노력하니까 생각대로 잘 맞아떨어지더라."고 하는 사람도 있다. 또한 실패담을 들어보면, "죽어라고 노력해도 안 되더라.", "잘되다가도 끝맺음이 안 되더라.", "다 돼 가는 판에 터지더라.", "마지막 고비가 안 넘어지더라.", "운이 있어야 되는 거다."는 등 삶의 한(恨)에 응어리진 술회를 하는 사람들이 의외로 많다. '1%의 행운', '잘 맞아 떨어지더라' 이것은 바로 눈에 보이지 않는 어떤 절대적인 힘, 즉 양질의 조상 환원 에너지의 동조를 받는 사람들이다. 인생사는 시작이나 경과도 중요하지만 보다 중요한 것은 좋은 결과와 마무리이다.

아무리 좋은 '복 그릇'을 타고난 정치가나 사업가라 하더라도 인생의 종반으로 접어들면서 예기치 못하게 슬금슬금 힘이 빠지기 시작하면서 의지대로 되지 않는다면 이러한 현상은 인생 만년에 타고난 '복 그릇'을 채워 주지 못할 어떤 장애가 반드시 있으므로 조부모 산소, 특히 부모 산소를 잘 살펴보면 그 증거가 반드시 있기 마련이다.

특히 사업가의 경우 사업은 잘되는 것 같지만 돈이 모이지 않으니 실속은 없고, 허구한 날 돈에 쪼들리기만 하다가 끝내는 실패를 하고 마는 사람이나 유산으로 큰 재산을 받았지만 피치 못할 계기로 인해 한 방에 날려 버리는 사람, 재물이 들어왔다가도 순간적으로 나가 버리는 사람, 하는 일마다 엎치락뒤치락 하는 사람 등은 조부모, 특히 부모의 산소에 그 증거가 반드시 있게 마련이다.

대체적으로 인생의 초반부는 에너지를 강하게 집합, 응집하는 젊은 생기 때문에 조부모 산소에 특별한 결함만 없으면 그럭저럭 넘어가게 되지만 인생의 중반부의 길흉은 대부분 조부모의 환원 에너지 장(場)의 영향을 받게 되며, 인생의 후반부에 들어서면 대부분 부모가 돌아가시기 때문에 부모 산소 혈장 조건에 크게 영향을 받게 된다. 단 조부모의 사망 시기의 조만(早晩)에 따른 변수도 있고 부모의 사망 조만에 따른 변수도 있으며, 자손들 중에는 어떤 한 조상의 영향을 강하고 빠르게 받는 자손도 있지만 보편적으로 조부모와 부모의 환원 에너지를 합성적으로 작용 받게 된다.

그러므로 강하고 크고 좋은 '복 그릇'을 타고 난 사람이 좋은 후천 에너지를 강하고 크게 동조 받을 때는 금상첨화로 만사형

통하여 계획하고 하는 일마다 성공적 결실을 거두게 되는 것이다. 또한 비록 구멍 나고 깨진 '복 그릇'의 소유자라 하더라도 좋은 운명적 에너지의 동조를 받는다면 그 구멍 나고 깨진 그릇에도 무언가 계속 들어오기 때문에 들어오고 나감의 질과 양(質量)에 따라 인생도 달라질 것이다. 그러니까 좋은 것이 많이 들어온다면 그런 대로 아쉬움 없이 살아갈 수 있게 되는 것이다.

그러나 '복 그릇'의 좋고 나쁨을 막론하고 계획하는 일마다 여의치 못하고 성공적 결실을 거두지 못하는 사람들은 좋지 못한 후천적 에너지의 간섭을 받기 때문이다. 특히 내가 태어나고 성장한 이후에 돌아가신 조부모, 부모의 묏자리 조건이 나쁠 때는 나의 후천 에너지가 결정적인 악영향을 받게 된다.

평상시에는 별다르게 느낄 수 없이 기연미연(其然未然)하는 경우도 있지만 중요한 큰일을 추진하게 되면 결정적인 순간에 꼭 추락하게 하거나 폐해를 안겨 주게 되는 것은 부모·조상의 환원 에너지가 자손에게 작용하는 힘이 그만큼 강력하기 때문이다. 이처럼 부모·조상의 후천 에너지의 동조와 간섭은 인생의 중반과 후반의 삶을 바꿔 놓은 중대한 생명 에너지임을 인식해야 한다.

자손들의 사정에 의하여 부모·조상을 화장한 경우라면 어렵더라도 화장하고 남은 유골이라도 합리적으로 잘 모시고 생활 환경 에너지와 음식, 운동, 섭생, 마음 씀씀이, 각종 행위 등에 의한 좋은 에너지들을 최선을 다해 취하며 육체적, 정신적 건강

을 최상으로 유지한다면 흉지에 부모·조상을 모신 자손들과는
비교할 수 없는, 그 노력에 상응하는 훌륭한 삶을 살 수 있을 것
이다.

# 돌아가신 부모·조상과 자손은 어떤 관계인가?

돌아가신 부모·조상 유골의 물질 에너지는 이산 환원 특성(離散還元特性=에너지 파장이 발산되어 동일한 에너지를 찾아가는 성질)이 되어 집합·생성·유지 특성(集合生成維持特性=자신의 생명체를 유지함과 동시에 새로운 생명체를 만들기 위하여 에너지를 모아들이는 성질)인 자손의 생명체를 찾아와서 자동적으로 결합되어 자손의 생명체 세포 활동에 관계 작용을 하게 된다.

생전의 부모들은, "죽고 나면 그만이지, 자식들한테 무슨 소용이 있냐?"고 넋두리를 한다. 자식들 역시 부모가 돌아가신 후에는 아무런 관련이 없어지는 것으로 생각하는 사람이 태반이며 나름대로의 관습이나 남들이 하는 방식대로 매장을 하거나 화장을 한다.

132

일생을 통하여 부모가 같은 날짜에 돌아가시지 않으니 자식들은 꼭 두 번의 부모 초상을 치러야 하지만 거의 대부분의 자식들은 매장을 하는 것이 좋을지, 화장을 하는 것이 좋을지도 모르고 또한 매장은 어떤 곳에 어떻게 하는 것이 좋은지, 화장을 하면 남은 유골은 어떻게 하는 것이 좋은지도 잘 모르고 시대 따라 유행 따라 그저 남들이 하는 방식에 따라 하는 경우가 대부분이다.

부모 덕분에 최고의 교육을 받고 유학을 하고 박사가 되고 학벌과 유식을 자랑하며 사회의 엘리트 지도층에 있으면서도 그 부모가 돌아가시면 사후의 유해(遺骸)에 대한 예우를 어떻게 하는 것이 최선으로 합리적이며 도리인지에 대하여는 무지몽매하다.

부모·조상의 유해가 나쁜 환경에 처해 있으므로 인하여 그 자손들이 병들고, 허약하고, 단명하고, 악성 난치병에 걸리기도 하고, 불의의 사고를 당하기도 하고, 사업이 부진하거나 실패 또는 손재를 당하며, 생활의 어려움을 겪는 등 집안에 여러 가지 우환이 일어난다고 하면 그런 것 같다고 하면서도, "돌아가셨어도 부모는 부모인데 왜 자식들을 해롭게 하겠느냐?"고 생각한다. 자식들은 사후의 부모도 생전의 마음처럼 그 영혼이 자식들을 위하리라고 생각하고 있다.

그러나 사후의 부모는 그 마음이 육신을 떠나 혼령으로 변해서 생전에 자식을 기르고 사랑하고 도와주며, 잘하면 칭찬하고, 잘못하면 꾸짖고 벌주고 때로는 용서해 주고 격려해 주며, 어쩌면 자신의 목숨보다 자식을 더 소중하게 여기던 그 마음이 작용할 수 없으므로 사후의 부모는 오직 육신에서 이산(離散)되어 나오는 물질 에너지의 파장이 자손의 생명체 에너지에 교감 환원(交感還元) 작용할 뿐이다.

생전에는 의식(意識)인 마음이 몸을 지배하여 생각, 말, 행위 등 육신의 일체 활동을 운용(運用)하지만 사후에는 몸과 마음이 분리된다. 몸은 생명이 끝나 물체인 시신으로 변하고 마음은 의지하던 보금자리인 몸을 떠나 영혼으로 변하는 것이다. 그렇기 때문에 생전의 마음이 육신을 움직이던 것처럼 영혼은 시신이 된 육신을 움직일 수 없게 되고 자손과의 의사소통이 불가능하며 오직 유골에서 발산되는 물질 에너지만이 그 본성(本性)을 나타낼 뿐이다. 물질 에너지는 눈에 보이지는 않지만 특성적 파장(特性的波長)으로 발산되어 나타난다.

어떠한 생명체이든 그 유전 인자(DNA)의 물질 구성 요소에 따라 에너지 파장은 각기 다르며, 생명을 잃은 후에도 그 유전 인자는 변함이 없다. 이러한 물리학적인 원리에 따라 우리 인간의 육신도 물질의 4대 원소인 탄소(C=地), 수소(H=水), 산소(O=火), 질소(N=風)의 합성체이므로 부모·조상과 자손과의 관계에서도 동일한 원리의 관계 작용이 성립되는 것이다.

즉, 돌아가신 부모·조상 유골의 물질 에너지는 이산 환원 특성(離散還元特性=에너지 파장이 발산되어 동일한 에너지를 찾아가는 성질)이 되어 집합·생성·유지 특성(集合生成維持特性=자신의 생명체를 유지함과 동시에 새로운 생명체를 만들기 위하여 에너지를 모아들이는 성질)인 자손의 생명체를 찾아와서 자동적으로 결합되어 자손의 생명체 세포 활동에 관계 작용을 하게 된다.

이러한 관계 작용은 방송국과 방송 수신 장치 원리와 비유할 수 있지만 다른 점은 방송 수신 장치처럼 작동을 시키지 않아도 부모·조상의 에너지와 자손의 생명체 간에는 24시간 1분 1초도 쉴 새 없이 영향을 주고 작용을 한다는 것이다. 이러한 관계 작용은 자손의 의사와는 관계없이 밤낮으로 때와 장소를 가리지 않고 계속된다.

명당의 좋은 에너지라고 욕심 부려 더 받을 수도 없고 불명당의 나쁜 에너지라고 피하려야 피할 수도 없다. 이때 땅기운이 좋은 환경에 있는 유골에서는 정상적 에너지 파장이 이산되어 나와서 자손들의 생명체에 환원 교감되어 동조 작용(同調作用)을 하게 되므로 자손들의 몸과 정신의 건강이 극대화(極大化)되어 어렵지 않게 인생을 성취할 수 있게 된다.

그러나 땅기운이 좋지 않은 환경에 있거나 물, 바람, 나무뿌리, 벌레 등의 침입 또는 자생으로 인하여 해를 받아 유골이 썩어 들어갈 때에는 비정상적인 파장이 이산되어 자손들의 생명체 에너지에 환원 교감된다. 그러면 자손들의 생명체 세포 활동에 장애가 되는 간섭 작용(干涉作用)을 하게 되므로 자손들의 몸과 정신 건강이 극소화(極小化)되고 면역력이 약화되어 온갖 질병에 잘 걸리게 되어 삶의 질(質)이 낮아질 뿐만 아니라 시작은 있으나 마무리가 없는 백전백패의 어려운 인생을 살게 된다.

이와 같이 사후의 부모 유골은 오로지 물질 그 자체이므로 그 유골이 처해 있는 실상 그대로 물질 에너지로서의 원초적 특성대로 자손들의 생명체에 환원 교감 작용을 하기 때문에 사랑도, 미움도 선(善)과 악(惡)의 분별도 없다. 그러므로 근원적으로 선연분(善緣分) 관계이던 부모가 돌아가신 후 그 유골의 환원(還元) 에너지를 선으로 만드느냐 악으로 만드느냐의 책임은 전적으로 그 자손들에게 있다고 하겠다.

부모가 돌아가신 후에는 영혼과의 관계는 없어지고 오로지 부모·조상의 유골과 자손의 육신과 관계임을 인식해야 한다. 다만 부모·조상의 혼령은 자손 또는 평소 가깝게 지내는 사람의 꿈에 나타나서 자신의 유골이 나쁜 처지에 처해 있으면 그런 사항을 상징적으로 전달한 경우는 허다하게 있다. 특히 춥다든지 몸이 젖어 있다든지 방을 수리한다든지 배가 고프다든지 등의 경우는 묘에 물이 들어 있을 경우가 대부분이다. 이런 경우에는 주저하지 않고 빨리 전문가에게 의뢰, 판단하여 빨리 조치를 취해야 한다. 그렇게 하지 않고 시간을 끌게 되면 반드시 집안에 나쁜 신호가 오게 되는 것이다. 신호란 우환의 시작이므로 부모·조상으로 인한 우환은 1, 2년에 끝나는 것이 아니다.

다행히도 요즘은 의술과 의약이 발달하여 질환에 대한 우환은 다소 도움을 받고 있지만 난치병이 오게 되면 의술이나 약으로도 어려우며 게다가 경제적 우환이나 사회생활의 우환은 누구의 도움을 받기도 어렵다.

그러므로 부모·조상이 돌아가신 후의 자손들과 관계는 보이지 않는 부모·조상의 에너지에 의해 자손들의 건강, 생명, 재산, 명예 등 인생사 전반에 걸쳐 불가분의 관계에 있다는 진리를 알고 사전에 지혜롭게 잘 대처한다면 한 가정과 가문이 행복할 것이요, 나아가서 사회와 국가가 편안하고 부강해질 것이다.

# 인연의 작용

삼라만상은 인연(因緣)의 작용으로 생멸(生滅)한다. 인생도 이와 같다.

숙명적 에너지는 타고난 팔자로서 바꿀 수 없는 각자의 선천 에너지(先天氣)이지만, 그 숙명적 에너지에 작용하는 후천 에너지인 연분 에너지(緣分氣)에 따라 인생살이는 상당히 달라지는 결과를 가져오게 된다.

연분 에너지는 '나'라는 에너지 존재에게 육체 또는 정신에 작용하여 좋든 나쁘든 어떤 결과를 만들어 주는 일체의 유형, 무형의 에너지를 말한다.

그 하나는 흔히들 잘 알고 있는 음양오행의 역술적인 이론으로서 다가오는 한 해의 태세(太歲)와 사계절의 흘러가는 시간적 에너지가 나에게 연분 에너지로서 길, 또는 흉으로 작용한다. 또

하나는 '나'라는 존재와 만나서 관계되는 부모, 형제, 부부, 연인, 사제지간, 상사와 부하, 사업적 거래 관계자, 먹을거리를 비롯한 주거 환경, 사회적 국가적 사건 등 일체의 여건과 사람들로서 이들의 생각, 말, 행동 등의 여건은 나에게 육체적, 정신적 에너지에 영향을 주게 되어 결과적으로 길, 또는 흉으로 변화를 주게 되므로 내 주변의 모든 여건과 사람들은 선(善) 또는 악(惡)의 연분 에너지들인 것이다.

이 모든 연분들은 구린 냄새에는 똥파리와 똥개가 모여들고 향기롭고 달콤한 냄새에는 벌과 나비가 모여들 듯이 우연이든 필연이든 나와 인연되어 나의 오감(五感. 시각, 청각, 후각, 미각, 촉각)에 작용하게 되어 정신적, 육체적 에너지 작용의 변화를 일으켜 나의 생각, 말, 행동 등에 영향을 주게 되므로 결과적으로 길 또는 흉으로 나타나게 하는 상대적 연분 에너지라는 것이다.

인생은 그때그때 연분의 만남에 따라 삶이 변한다.

이러한 연분들은 자신의 노력과 의지로서 상당한 부분 가꾸어 나갈 수 있다. 그래서 인생은 스스로 만들어 가는 것이라고 했다. 그러나 강력한 조상 환원 에너지의 나쁜 간섭을 받을 때는 노력과 의지가 무력함을 필자도 스스로 체험해 보았고, 다른 많은 사람들에게서도 이와 같은 경우를 확인할 수가 있었으니, 이 조상 에너지 역시 의지와 노력으로 좋은 연분을 만나면 개선(改善)할 수 있기에 역시 스스로 인생을 만들어 갈 수 있는 길은 무한하다.

사람이 태어나서 인생을 마감할 때까지 가장 강력한 영향을 받는 연분 에너지는 당연히 조상 환원 에너지이다.

흉지에 계시던 부모·조상 유골의 나쁜 에너지가 자손들의 육체와 정신에 계속 간섭을 해서 자손들의 건강을 약화시킨 경우에는 조건이 갖추어진 명당 혈장에 옮겨 모시고 나면 그날부터 그 유골의 에너지는 좋은 에너지로 바뀌기 시작하게 된다.

나쁜 에너지가 좋은 에너지로 완전히 바뀌는 시간은 혈장 조건에 따라 시간과 강약의 차이가 있으나 혈장 조건이 갖추어진 확실한 명당이라면 좋은 에너지로 바뀌는 것은 명확한 사실이다.

조상의 나쁜 간섭 에너지가 좋은 동조 에너지로 바뀌면서 자손들에게 가장 빠르게 나타나는 현상은 불안정하던 정신이 안정되고, 뒤숭숭하게 자주 꾸게 되는 꿈도 없어지게 되면서 정신 건강이 점차 좋아지는 것이다. 그러면서 육체적 건강도 차츰차츰 좋아져서 날이 갈수록 정상적 또는 정상 이상의 능력을 발휘할 수 있게 된다.

이러한 변화는 부모·조상 환원 동조 에너지의 강약과 자손들이 그 동안 받았던 나쁜 간섭 에너지의 강약과 받은 기간에 따라 차이는 있지만 분명한 것은 시간이 흐를수록 자손들에게는 좋은 에너지가 동조되어 축적되고 좋은 운기(運氣)가 되어 운세(運勢)를 상승시켜 운명(運命)을 좋게 보완해 준다. 이와 같이 부모·조상 환원 동조 에너지는 다른 어떤 연분 에너지와는 비교할 수 없고 그 양의 한계가 없으며 시간적 한계도 없이 시공간

을 초월하는 무한의 동조 연분(同調緣分) 에너지이며 위력 있는
에너지이다.

　나의 인생에 작용하는 모든 연분 에너지들을 선 연분(善緣分)으
로 만들기 위하여 최선을 다하는 자만이 자신과 후손들의 인생
을 최상 최선의 인생으로 성취할 수 있게 될 것이다.

# 명당은 에너지 공급 창고

명당 혈장의 땅 정기는 자손들의 종자(種性因子) 개선을 위한 에너지 창고이며, 생명 활동을 위한 에너지 공급 창고이다.

땅은 핵력(核力), 약력(弱力), 중력(重力), 인력(引力), 전자력(電子力), 전자력(電磁力), 열력(熱力), 양자력(量子力) 및 각종 광물질(鑛物質) 에너지들을 함포하고 있다. 그리고 우주, 천체들의 에너지, 태양 에너지 등의 천기(天氣=天機)와 대기권에 있는 공기, 물 등의 에너지를 합성하여 총체적 생명 에너지를 생성시켜 조건을 갖추고 명당 혈장이라는 에너지 창고를 형성한다.

명당 혈장은 이와 같은 총체적 생명 에너지인 땅 정기가 용맥의 번역 질서로 형성된 용맥(산 능선)을 따라 이동한다. 가까이 있는 연분이 되는 유정한 주변 산들과 서로 에너지를 주고받는 작용을 하면서 조건을 갖추고 혈장을 형성하여 그곳에다 땅 정기를 집합, 응결(凝結=集合)시켜 놓은 곳이다. 명당 혈장이야말로 자연 생명 에너지의 보고(寶庫)이며, 땅 에너지의 핵으로서 땅 정기가 가장 강하고 충만한 곳이다.

특히 혈장 중심인 혈심토(穴心土)에는 흑색인 수기(水氣=黑色)와 청색인 목기(木氣=靑色)와 흰색인 금기(金氣=白色)와 붉은색인 화기(火氣=赤色) 등의 네 가지 색깔과 네 가지 기운이 합성되어 황색(黃色)인 토기(土氣)를 형성함으로써 혈심(穴心)의 땅기운은 오기를 품은 오색 황토가 되는 것이다.

황토는 이와 같이 다색(多色)하고, 조직과 밀도가 강하며 일반적으로 황토라고 하는 단색(單色)으로 된 적토(赤土)와는 전혀 다르다. 황토는 그 자체가 에너지를 집항·응축시키는 에너지 응집력(凝集力)이 강한 물질이다. 황토는 음이온과 원적외선(遠赤外線)이 다량 방출되고 실리카, 알루미늄, 철분, 마그네슘, 나트륨, 칼리, 미네랄 등의 물질들이 다량 함유 되어 있고 항균(抗菌), 항취(抗臭), 탈취(脫臭) 등의 효과도 매우 우수하다.

황토는 자연 생태계의 물질을 순환시켜 자연 정화의 역할을 크게 하고 있다. 황토의 적조 미생물 퇴치 능력이 탁월함은 잘 알려진 사실이다. 넙치, 참돔, 쥐치 등의 어류와 굴, 피조개 등의 어패류도 적조 상태에서 황토를 살포하면 생존율이 장기간으로 높아지고, 스쿠티카충 등 어류의 기생충을 박멸한다는 연구 결과도 발표되었다.

이와 같이 여러 종류의 물질을 함유하고 있는 황토는 생명체의 세포 활동과 면역력을 강화시킨다는 사실이 각종 실험을 통해 발표되자 황토 옷, 황토 베개, 황토 침대, 황토 화장품, 황토 찜질방, 황토 집, 황토 쌀, 황토 한우 등 각종 황토 아이디어 상품을 개발하여 건강을 추구하는 현대인들을 살맛나게 하는 등 웰빙 시대의 한 축을 담당하고 있다.

황토 연구가들에 의하면 황토는 이 지구상의 여러 나라에 분포되어 있으나 우리나라 황토는(선 에너지 구조라는 산세 지형의 특성 때문에 땅기운이 강하게 집합, 응결되는 특성이 있어서) 질적으로 월등하게 우수하다고 한다. 우리나라의 황토는 이렇게 실생활에 널리 유용하게 활용되고 있을 뿐만 아니라 조상의 유골이 나쁜 땅에서 산화(酸化)되어 시커멓게 속이 텅 빈 유골일지라도 조건이 갖추어진 혈장의 황토 땅에다 옮겨서 모셔 놓으면 빠른 속도로 속이 차면서 전체적으로 기름기가 번지르르한 누런 황색으로 변하는 것을 확인할 수 있다.

이처럼 황토는 땅 정기가 충만하여 우리 인간의 생명 활동에 동조 작용을 할 뿐만 아니라 혈장, 혈심 황토의 생명 에너지는 그곳에 묻힌 부모·조상의 유골에 합성·응축되어 최선(最善)으로 개선된 양호한 생명 에너지를 자손들에게 환원 동조하게 된다.

황토로 된 혈심토(穴心土)는 적당하게 강할수록 좋다.

혈장을 둘러싸고 있는 주변의 산들이 유정하게 완벽한 원형 에너지 장(場=局勢)을 형성, 응기(應氣)하고 있을 때는 혈심토에서 토란(土卵), 또는 알돌(石卵)이 많이 나오기도 한다. 이 토란이나 알돌들은 흡사 양파 껍질이 벗겨지는 것과 같으며, 아직 설익은 속의 것은 둥근 쇳덩이 모양으로 들어보면 쇳덩이처럼 무거운데 이런 현상은 에너지의 강력한 원형 응축의 결과다.

혈심토의 이와 같은 토란이나 석란은 명당 혈장에서는 최상, 최강의 자연 생명 에너지가 핵(核) 에너지 형태의 원형 에너지로 응축되어 있다는 증거다. 그렇다고 혈장마다 토란이나 석란이 나올 정도로 원형 에너지가 집합, 응축되어 있는 것은 아니다.

요컨대 명당 혈장의 정기(精氣)는 천기와 지기가 합성된 총체적 자연 생명 에너지의 집합, 응축이며, 수(水), 목(木), 화(火), 토(土), 금(金)의 오기(五氣)가 구족(具足)한 에너지이다.

이러한 명당 혈장에 안장된 유골은 이와 같이 양호한 고밀도의 땅 정기를 작용 받아 질적, 양적으로 최상의 에너지가 생성 응축된다. 그리하여 유전자가 동일한 자손들에게 쉴 새 없이 계속 환원 동조되어 자손들의 생명체 세포 활동을 극대화시켜 정신적, 육체적으로 최상의 능력을 발휘하게 한다.

이와 같이 조상의 에너지는 태어나서 인생살이를 해 나가는 과정에도 가장 크게 영향을 준다. 동시에 태어날 자손들에게 그 종자(種性因子)를 만들고 길러 주는 부모를 통해서 가장 크게 영향력을 주게 되어 인생의 기본 에너지가 되는 '복 그릇'의 대소, 강약에 절대적인 영향을 준다.

그러므로 명당 혈장의 땅 정기는 자손들의 종자(種性因子) 개선

(改善)을 위한 에너지 창고이며, 자손들의 생명 활동을 위한 에너지 공급 창고인 것이다.

일상적으로 생활하는 양택(陽宅)에서는 그곳에 생활하는 사람이 그곳의 땅기운을 직접 받는다. 하지만 집을 땅의 표면에다 지을 뿐만 아니라 양택 터는 넓어서 집합, 응결된 땅기운이 없으므로 음택 혈장 에너지와 비교하면 그 영향이 느리고 약하다. 그렇다고 땅기운을 많이 강하게 받기 위해서 지하실에다 생활 공간을 만든다든지 산을 자르고 파내어 집을 짓는 것은 오히려 땅기운을 파괴하여 그 기운을 불안정하게 만들어서 피해를 보기 때문에 할 수 없는 일이다.

그러나 조상의 묘소인 음택(陰宅)으로부터 받는 땅기운은 비록 조상을 통하여 간접적으로 받는 에너지이지만 땅 정기가 집합, 응결되어 있는 에너지 핵화(核化)되어 중심에다 적절한 깊이로 파고 유해를 장사 지낸다. 그렇기 때문에 근원적으로 형성되어 있는 부모·조상과 자손과의 에너지 공명장(共鳴場)에 의해서 자동적으로 쉴 새 없이 관계 작용을 하게 되므로 그 기운을 강력하고 빠르게 전달받게 되는 것이다.

땅은 선과 악의 분별은 못하지만 확실한 것은 선과 악의 양면을 다 가지고 있다는 사실이다. 어떠한 생명체나 비생명체를 막론하고 선이든 악이든 그가 선택하는 대로 나누어 준다. 미물들까지도 본능적으로 생존을 위하여 자신들에게 필요한 선성(善性)의 땅을 찾아 선택한다.

하물며 만물의 영장인 우리 인간은 주어진 지혜로써 자연 속
의 선성의 땅을 당연히 선택해야 하지 않겠는가? 그리하여 인간
의 종성 인자를 개선하여 능력 있는 인간으로 거듭 태어나서 인
간뿐만 아니라 모든 생명체에게도 공헌할 수 있어야 한다.

# 잘못된 풍수지리

**가. 용맥(산의 능선)이 이어져 있지 않은 곳인데도 혈장이라고 묘를 쓰는 경우.**

　물이 낮은 곳을 따라 흘러 이동하다가 웅덩이처럼 조건이 갖추어진 곳에 멈추어 모이듯이 산의 정기(精氣)는 용맥(산의 능선)을 따라 이동하다가 주변 보호 산들이 유정하게 조건이 갖추어진 곳에 멈추어 입수정, 좌우 선익, 전순 등의 조건을 갖추면서 그곳에 산의 정기가 모인다. 이곳이 혈장이고 이른바 명당인 것이다. 그러므로 호박 덩굴이 있어야 호박이 열리는 것처럼 용맥이 없는 곳에는 호박 덩굴이 없는 것과 같아서 절대로 혈장이 생겨나지 않는다.

　그럼에도 불구하고 용맥의 부속 장치인 요도(橈棹), 지각(止脚),

지각(支脚) 등에 혈장 비슷한 곳이 있으면 혈장이라고 우긴다든지, 산의 옆구리나 끝자락이나 골짜기, 밭 언덕 등의 양지바른 곳에다 중장비를 동원하여 억지로 묘지를 만들어 매장을 한다든지 하는 것은 호박 덩굴이 없는데도 잡초 덩굴에다 돌덩이를 놓고 호박이라고 우기는 것과 다를 바 없다.

이렇게 혈장이 아닌 곳에다 매장을 할 바에는 차라리 화장을 해서 예우 관리를 합리적으로 잘하는 것이 차선책(次善策)이다. 기회 있을 때마다 강조하지만 혈장은 용맥(산의 능선)이 뻗어 가다가 조건을 갖추고 만들어진 자연의 작품이다. 아무리 신기적(神技的) 재능을 가진 사람이라도 혈장을 만드는 일은 불가능하다는 사실을 명심해야 할 것이다.


## 나. 풍수지리와 역술은 다르다.

역술은 태어난 연월일시의 시간적 에너지인 음양오행의 글자로서 인간의 길흉을 추리하고 예측하는 순수한 이론적 학문이다. 풍수지리는 공간적 에너지(환경 에너지)인 땅의 실체에서 그 조건에 따른 땅기운의 강약, 선악, 미추를 선별 활용함으로써 인간의 건강과 행복을 추구하는 현장 위주의 실천적 학문이다.

역술은 실내에서 이론만으로 가능한 학문이지만 풍수지리는 이론과 더불어 산과 들에서 자연의 실체를 접하면서 이론과 자연의 실체를 확인해야 가능한 학문이다.

남의 산소에서 좌향(坐向)이 연운과 맞지 않다느니, 좌향이 득수·득파와 맞지 않는다느니 다른 조건은 다 좋은데 좌향이 잘못되어 있다면서 좌향 타령을 하는 사람은 풍수지리 연구인이 아닌 역술 연구인이다.

예를 들어 자좌 오향(子坐午向)은 이기론적으로 벼슬이 많이 나는 귀절(貴節)이라고 한다. 산의 옆구리나 지각 등 혈장이 아닌 곳에도 따뜻한 정남향인 자좌 오향으로 쓰인 묘들이 아주 많다. 귀(貴)는 벼슬, 즉 공직자를 뜻하는데 여러 대를 자좌 오향이라는 귀절에다 조상 묘를 썼는데도 자손 중에 면 서기나 순경 하나 나온 적이 없으니 어찌된 일인가.

땅의 정기는 땅의 실체(혈장)에 있다. 풍수지리는 땅 실체의 기운을 궁구하는 학문이다. 생기 있는 용맥에서 조건을 갖춘 혈장이 만들어져(生成) 있으면 그곳이 최선 최강의 땅 정기가 모여 있는 실체이다. 이렇게 혈장이 만들어져 있는 곳에는 좌향의 조건도, 물이 들어오고 나가는 득수·득파의 조건도, 바람막이 장풍(藏風)의 조건도 자연히 다 맞아 떨어지고 주변의 보호하는 산들도 다들 유정한 조건을 갖추고 있게 마련이다.

혈장이란 주변의 조건, 즉 연분사격(緣分砂格)이 유정해야 혈장이 생성되고, 또한 용맥 스스로도 조건에 맞도록 혈장을 만드는 능력이 있다. 이것이 바로 자연의 이치요, 질서이다. 이러한 자연의 질서는 사람이 흉내조차 낼 수 없는 것이니 어렵사리 혈장을 찾고 보면 그야말로 이와 같은 자연의 신기(神技)에 감탄밖에 나오지 않는다.

그럼에도 불구하고 대부분의 풍수가들은 좌향이라는 방향이 땅(혈장)의 정기를 길(吉)과 흉(凶)으로 만들어 내는 만능으로 오인하고 있다. 연운(年運)과 좌향, 망인(亡人)의 띠와 좌향 등이 음양오행의 생성 원리에 맞아야 하고, 거기다 더욱 중요한 것은 물이 나가는 곳(破口)의 방위와 들어오는 곳(得水)의 방위가 음양오행의 극(極)과 생(生)의 원리에 맞아야 길한 땅이라고 한다. 그러면서 좌향을 주체로 한 역술적인 글자만 맞추느라고 중요한 땅정기의 실체를 놓쳐 버리는 잘못된 풍수 논리를 오늘날까지 답습하고 있으니 이것이 바로 천 년여의 역사를 가진 우리나라 풍수지리 학문의 크나큰 오류인 것이다.

좌향을 아무리 역술적으로 잘 맞추어 놓는다 해도 땅 정기는 그 좌향에 맞추어 돌아가지 않는다. 또한 혈장을 에워싸고 있는 주변의 산들(局勢)의 에너지 장(場)의 기운(산들이 발산하는 에너지 파장)들도 변화시키지 못한다. 아무리 역술적 음양오행 이론으로 좌향을 돌려놓아도 혈장의 정기는 원래 생성된 자연 그대로 좌정(坐定)을 하고 있을 뿐이며, 또한 혈장 정기의 대소, 강약, 선악 등에 변화를 줄 수도 없고 주변 산들의 발산되는 기(氣)의 변화도 줄 수 없다. 다만 좋은 명당 혈장을 좌향을 고집하여 광중을 잘못 파면 혈심과 혈장을 오히려 파괴해서 피해를 입을 염려는 대단히 크다. 또한 혈장이 아닌 곳에는 좌향을 아무리 역술적으로 잘 맞추어 놓아도 득을 볼 일은 아예 없다.

풍수지리 이론은 산세의 실체에서 나온 이론인데도 이를 사랑방에 앉아서 음양오행의 역술적인 이론으로 지나치게 비화시켜 땅 정기의 실체와는 동떨어진, 산은 산대로 글자는 글자대로(山自山書自書) 복잡하게 이론화시켜 놓는다. 그리고는 적반하장 격으로 그러한 이론에다 산을 맞추려는 어림도 없는 오류를 아직도 행하고 있으니 이것은 오히려 자연의 질서를 역(逆)하는 일이다.

우리나라의 풍수지리 역사가 천 년이 넘었어도 이러한 역술적인 이기론 때문에 우리 국민들 대부분은 역술과 풍수를 같은 학문으로 인식하고 있다. 역술을 잘하는 사람이면 풍수도 잘하는 사람으로 알고 있는 실정이다. 혹시 역술인 중에도 풍수를 잘하는 분이 있을 수도 있으나, 그것은 아주 드문 일이며, 풍수를 잘한다고 스스로 과시하는 역술인들이 많은 것이 문제다.

실제로 필자는 이 학문에 입문하기 직전에 풍수를 잘한다는 유명 역술인에게 조부모와 부모님을 이장했다가 11개월 만에 다시 이장을 한 경험이 있다. 더욱 흥미로운 이야기는 5·16 군사 정권 이후에 국책 사업 등 국가 대사를 경영하자니 기왕이면 세심하고 조심스럽게 잘해 보고 싶고 또한 오랜 세월 동안 우리 민족의 의식 속에 있는 풍수라는 정서를 생각하지 않을 수도 없었던 것이니 그 방면의 자문역이 필요했을 것이다. 일반 국민들도 풍수와 역술을 혼돈하고 있는 형편인데 군 생활을 오래 한 분들이 풍수와 역술을 구별할 줄 알 리가 없으니 결국 유명하다는 역술가들에게 풍수에 대한 일을 의뢰할 수밖에 없었을 것이다. 그리하여 역술계의 유명 인사 몇 분이 소위 국풍(國風)이 되어 동작동 국립 현충원의 고 박정희 대통령 내외분의 산소 자리를 비롯하여 나라의 중요한 대사 중 필요한 분야에 당대 제일의 풍수가로서 자문역을 맡게 되니 풍수로의 유명세를 얻게 된 것이다.

그로 인해 유명 인사들 집안의 산소 자리는 자연스럽게 풍수로서 유명세를 얻은 역술가들의 자문을 받게 되었다. 필자가 아는 바로는 결과가 좋은 집안은 아주 드문 실정이었다.

역술은 글자의 음양오행으로 상생상극(相生相剋. 오행이 운행함에 있어서, 서로 조화를 이루는 일과 서로 충돌하는 일, 동조와 간섭)으로 길흉을 예측·추론하는 형이상학적 이론이고 풍수지리는 글자의 음양오행이 아닌 기(氣)의 실체인 지세 지형의 음양오행에 의한 상생상극으로 길흉을 판단하는 형이하학적인 이론이다.

풍수지리는 기(氣)의 실체를 본질로 하는 학문이므로 음양오행의 역술적 이론으로는 절대로 풍수지리의 본질에 접근할 수가 없는 것이다. 그럼에도 불구하고 대부분의 국민들은 역술과 풍수를 혼돈하고 있으니 지극히 안타까울 뿐만 아니라 인식 전환을 위한 계몽이 절실한 문제가 아닐 수 없다.

필자가 이 책을 쓰게 된 적극적인 이유는 이렇듯 오류로 점철된 풍수지리를 계몽하자는 데 있다.

# 호박은 덩굴 없이 열리지 않는다

혈장(穴場)을 형성하는 용맥(龍脈)은 호박을 열게 하는
호박 덩굴과 같다.

용맥이 없는 혈장은 있을 수 없다. 산이라고 전부가 용맥이 아
니다. 일반적으로 통칭하기를 산이라고 하지만 풍수지리를 통한
학문적으로 분석해 보면 용맥이란 산의 생기를 함유하고 그 생
기를 이동시키는 몸체이다. 그 몸체인 용맥에는 각도를 바꿔 주
는 요도(橈棹), 용맥의 중심을 지탱해 주는 지각(支脚)과 지각(止
脚) 등의 부속 장치들이 많다.

용맥에는 싱싱한 생용맥이 있는가 하면, 힘없는 무기 용맥(無己
龍脈), 무너지고 깨어진 병든 용맥, 완전히 생명력이 없는 죽은
용맥 등이 있으나 혈장이 형성되는 용맥은 오로지 생용맥뿐이다.
무기 용맥, 병든 용맥, 죽은 용맥 등에도 혈장 비슷한 것이 있을

지라도 부실한 덩굴에 열린 호박은 이내 시들어 떨어지거나 자라서 익어 보지도 못하고 떨어지는 진리와 똑같이 그런 용맥의 자손들은 부실한 덩굴에 열린 호박과 다를 바 없다.

명당 혈장은 인간의 능력으로는 절대로 만들 수 없다. 자연의 조화가 만들어 놓은 자연의 작품이다. 우리 인간은 명당 혈장이 만들어지는 자연의 질서를 연구하고 밝혀서 그 질서에 따라 자연이 만들어 놓은 명당 혈장을 찾아서 조금 다듬어 사용하는 일 외에는 불가능하다. 우리나라 국토의 산세 지형과 같은 선(線) 에너지 구조의 산세에서는 용맥이 번역하는 법칙에 의해서 생용맥으로 진행해 오다가 청룡, 백호, 안산의 연분(緣分)들을 만나서 그 연분사(緣分砂)들의 에너지가 응기(應氣), 응축(凝縮) 작용에 의해서 용맥이 멈추고 조건들을 갖추면서 혈장이 형성하게 되는 것이다.

명당 혈장은 혈장을 형성하게 되는 용맥 에너지의 대소, 강약, 선악, 미추에 따라 혈장의 대소, 강약, 선악, 미추로 결정되는 것이므로 훌륭한 용맥 에너지 없이는 훌륭한 명당 혈장이 존재할 수가 없다. 이는 싱싱한 덩굴 없이 호박이 열릴 수 없는 진리와 꼭 같다.

요즘은 땅을 파는 장비와 일하는 사람의 기술이 좋아서 땅을 파 뒤집고 묘 앞에 축대를 2~3m씩 쌓고 심지어 좌우와 뒷부분까지도 돌로 싸서, 그야말로 묘소를 제작하는 데 아무리 많은 돈과 공을 들여서 만들어 부모·조상을 모시더라도 그렇게 제작된 묘소에 묻혀 있는 부모·조상의 유해는 절대로 편안할 리가 없을 뿐만 아니라 그 자손 또한 편안할 리가 없다.

비록 명당 혈장이 아니더라도 다소 부족하고 불균형하지만 묘를 쓸 수 있는 혈장이 되려면 자연의 작품으로써 그 증거가 되는 생용맥의 조건을 갖추고 있어야 사용이 가능하다.

이기론(理氣論)에서는 주로, "묘 뒤의 일절, 즉 도두일절(到頭一節)만 보면 된다."고 주장하는 이들이 많이 있으나 요도, 지각(止脚) 등도 모두 그 자체가 일절이며, 그 일절로서 끝나고야 마는 용맥의 부속 가지(枝)로서 용맥기(龍脈氣)가 이어진 용맥절이 아니다. 덩굴 없이 호박이 열릴 수 없는 진리와 같이 용맥 없이 혈장이 형성될 수 없는 법칙은 만고불변의 진리다.

에너지의 실체가 아닌 음양오행의 역술적 이론과 각종 물형설(物形說)이 풍수지리의 본질인 것처럼 만연하다 보니 이 학문에 무지한 일반인들은 그야말로 신비스러운 학문으로만 인식하고 있음이 대부분이니 정말로 통탄스러울 뿐이다.

# 풍수지리 혼돈의 시대

대한민국은 지금 풍수지리 혼돈(混沌)의 시대라고 할 수 있다.

우리 국민들은 지금 풍수지리 혼돈의 시대에 살고 있다. 우선 명당(明堂) 묏자리에 대한 세론(世論)을 열거해 보자.

첫째, 묘의 좌향만 잘 맞추어 놓으면 명당이 된다고 하는 음양 오행의 글자에 의한 역술적 명당론(易述的明堂論).

둘째, 각종 동물, 날짐승, 뱀·거북이·자라 등의 파충류와 각종 꽃, 거문고·북 등 악기에 이르기까지 조상 산소가 있는 산의 모습이 형상 있는 모든 것들의 어떤 것이든 그 모습들과 닮아 있으면 명당이라고 하는 물형 명당론(物形明堂論).

셋째, 자손들이 차에서 내려 조금만 걸어가면 참배할 수 있는 곳이 명당이라는 편리주의 명당론(便利主義明堂論).

넷째, 적당한 곳에 보기 좋게 잘 만들어 놓으면 명당이 된다는 조성 명당론(造成明堂論).

다섯째, 수맥(水脈)만 없으면 명당이라는 무수맥 명당론(無水脈明堂論).

여섯째, 엘-로드(L-rod), 추(金錘), 또는 관룡자라고 하는 도구 등을 사용하여 명당을 찾는다는 도구 신봉 명당론(道具信奉明堂論).

일곱째, 무속인 등이 영적인 판단으로 명당을 잡는다는 무속적 명당론(巫俗的明堂論) 등 하나의 본질을 가진 학문을 두고 이렇게 많은 각각의 자칭 전문가들이 나름대로의 일가견(一家見)의 논리나 설(設)에 열을 올림으로써 이 학문에 무지한 국민들을 혼돈케 하고 있다.

물론 학문이란 왈가왈부, 갑론을박을 할 수 있고 또한 그렇게 하여 시시비비가 가려져서 하나가 된 본질적 이론이 정립된다면 학문 발전에 크게 기여할 수 있을 것이다.

그러나 풍수지리 분야에는 지금 우리 사회에 만연하고 있는 앞에서 열거한 그와 같은 논리나 설(說)들을 당장 무지하고 답답한 수요자들이 인연이 닿는 대로 받아들이게 됨으로써 혹세무민 하는 결과가 많이 일어나고 있다.

또한 일부 자칭, 타칭 전문가들은 나름대로의 일가견(一家見)의 지식으로 후배들을 양성하여 ○○학회 자격증, ○○협회 자격증, ○○수료증 등을 발급하여 수많은 소위 풍수 전문가들을 양산(量産)하여 동네에는 동네 풍수, 면에는 면 풍수, 군에는 군 풍수,

시에는 시 풍수, 거기에다 대도시에는 수십, 수백의 풍수가 있으
니 혼돈은 더욱 깊어지고 넓어지는 것 같으니 필자도 그중 한자
리를 매기고 있음이 심히 두렵고 걱정스럽다.

필자가 타고 가던 차가 신호 대기를 하고 있을 때 문득 시야
에 들어오는 어떤 3층 정도의 한 건물에 무려 일곱 개나 되는
공인 중개사 간판이 걸려 있는 것을 보았다. 언젠가는 풍수 간판
도 저렇게 걸리게 되지 않을까 하는 생각이 들었다.

명당 혈장은 자연의 작품이다. 어떠한 재능인이나 신기적(神技
的)인 사람이라도 명당 혈장은 만들 수 없다. 조상의 산소는 자
연이 만들어 놓은 조건을 구비한 증거가 있는 혈장(穴場)이 아니
면 아무리 편리한 곳에 있어도, 아무리 좋다는 좌향을 맞추어
놓아도, 아무리 신령스러운 물형(物形)을 닮아도 혈장이 될 수
없다.

다만 조건을 갖춘 혈장일 때는 좌향도 음양오행의 이기적 이
론(理氣的理論)에 맞고, 게다가 신령스럽고 상서로운 어떤 형상을
닮아 보인다면 자손들의 마음도 흡족할 것이니 누이 좋고 매부
좋은 격이라 할 것이다.

그러나 조건을 갖춘 혈장이 아닌 곳에는 아무리 좋은 좌향이
나 물형도 아무 소용이 없을 뿐만 아니라 주변에 아무리 좋은
사격(砂格)의 산(山)들이 있어도 병든 자가 먹을 수 없는 것과 같
고, 그림의 떡과 같고, 거울 속의 미인 격일 뿐이다. 아무리 성묘
하기 편리한 곳에 부모 산소가 있어도 그 자손이 가난하여 살기

가 힘겹거나 병들거나 단명하면 성묘도 불가능해진다.

전국을 다니다 보면 땅속을 훤히 본다는 도사, 서울에서 지방 사람의 전화로 음성만 듣고도 부모 산소가 명당인지 아닌지를 안다는 도사도 있다고 한다. 하지만 필자는 그런 도사를 접해 본 적은 없어도 그 도사들이 점혈(占穴) 이장했다는 묘소는 접할 수가 있었으나 혈장의 증거는 찾을 수가 없었고 그 자손들은 이장 전보다 오히려 더 고초를 겪고 있다고 하소연했다.

이 학문에 무지한 사람들은 이 풍수 말을 들으면 이 풍수 말이 맞는 것 같고, 저 풍수 말을 들으면 저 풍수 말이 맞는 것 같으니, 누구 말을 들어야 하는지 도무지 종잡을 수 없다고 한다. 어떤 이는 십여 명의 풍수를 초청해서 조상 산소를 감정해 보았는데 같은 말을 하는 풍수는 한 사람도 없었다고 한다.

풍수지리에 관심 있는 우리 국민들은 그야말로 미로 속의 풍수지리 혼돈의 시대에 살고 있는 것이다.

# 남연군의 묘소는 명당이 아니다

명당의 땅기운은 화기(和氣)다. 화기는 인(仁), 의(義), 예(禮), 지(智), 신(信)의 오덕(五德)이 균형 있게 갖추어진 에너지이다. 진정한 명당의 땅기운을 받은 자손들은 화기(和氣)가 충만하다.

화기(和氣)는 생기(生氣)로서 지혜롭고 창의적이고 창조적 에너지이며, 어질고 덕성스러워 상대를 배려하며 포용하는 에너지이며, 정의롭고 용기가 있어 불의를 싫어하는 에너지이며, 상하좌우 두루 상대를 존중하며 예절과 질서를 중시하는 에너지이다. 그리하여 화기(和氣)는 화합하여 화목하기를 좋아하고, 화친(和親)하여 화평(和平)하기를 좋아하면서 미래 지향적이고 진취적이며 강한 에너지이다. 이러한 에너지가 바로 명당의 진정한 땅기운이다.

최소 구성 단위인 부모·자식 간에 화합과 화목을 이루지 못하는 자손들이라면 그런 자손들의 조상 산소는 명당과는 거리가 한참 멀다. 하물며 만백성의 어버이로서, 최고 권력자들로서 왕과 그 아버지, 왕비 며느리와 그 시아버지가 뒤엉켜 쉴 새 없이 원수지간처럼 싸우고 적대시하며 소모적이고 퇴보적인 정쟁을 일삼다가 결국 왕실도 망하고 나라도 망하는 불행을 초래했음에도 할아버지 묘소의 자손이 '왕이 되었다'는, 그것도 두 사람이나 '왕이 되었다'는 것만으로 천하의 명당이라고 극찬을 하는 풍수가들이 있다면 스스로 이 학문에 대한 무지를 드러내는 것은 물론이거니와 궁극적으로는 이 학문의 진리와 본질을 스스로 욕되게 하는 일이라고 하지 않을 수 없다.

익히 아는 대로 조선은 세습 왕조이다. 선왕(先王)이 후사가 없으면 가까운 왕손 중에서 그 시기의 조정 권력자들이 자기네 편이 되어 줄 왕손을 우선적으로 선택할 수밖에 없을 것이다.

남연군의 손자가 왕위를 이어받은 것은 철종이 후사 없이 돌아가신 후 역대 왕의 혈통 중에서 그 당시 궁중의 가장 실력자이며 어른인 대왕대비의 편이 되어 줄 적임 왕손을 찾던 중 대원군과 연결되어 그 아들이 왕이 된 것이지, 남연군의 묘소가 명당이라서 그 기운을 받아 능력이 출중하여 추대된 것이 아니지 않은가. 물론 대원군의 큰아들보다는 둘째 아들이 영명했다고는 하지만.

순종 또한 아버지인 고종이 왕이니, 외세의 간섭도 있었지만 고종의 아들로서 당연히 왕위를 물려받아 왕이 된 것이다. 이처럼 세습 왕 제도 덕분에 이어받은 왕인데도 세간의 풍수들은 남연군 묘소의 명당 때문이라고 찬사를 아끼지 않는다.

남연군 묘소의 조건들을 살펴보면 첫째로 가장 중요한 용맥을 얻지 못했다. 현무라고 하는 가야산에서 분벽된 용맥들은 반대쪽 너머로 출맥하여 진행하면서 국세를 형성했고, 남연군 묘소 쪽은 가야산의 등(背) 쪽으로서 용맥이 출맥하지 못하고 거의 전부가 귀사(鬼砂), 요도(橈棹), 지각(止脚), 지각(支脚)들이다. 반대쪽으로 가 보면 용맥도 좋고 국세도 유정한데, 남연군 묘소 쪽은 용맥이란 찾아볼 수도 없으니 국세도 관쇄되지 못하고 무정하여 설기(泄氣)되면서 한없이 달아나(背逆走)므로 삭막하기까지 하다.

남연군 묘소로 이어진 산은 용맥이라고 칭할 수 없는 하나의 외로운 산 무더기라는 표현이 맞을 것이며, 묘소로 이어진 산줄기는 배역을 한 가야산의 요도(橈棹)의 옆구리에서 다시 약하게 지각(止脚)으로 발생하여 갑자기 불쑥 솟아 보호받지 못하고 홀로 엉기적거리며 낮은 데로 흘러가다 보니 산의 좌우가 상처투성이로 만신창이가 되어 기진맥진하여 힘없이 산수 동거(山水同去)하며 주저앉은 상태이다.

이러한 조건에서는 절대로 혈장이 형성되지 않으므로 남연군의 묘소는 혈장이 아니다. 그렇기 때문에 명당일 수가 없는 것이다. 중요한 용맥기를 얻지 못했으니 생기(生氣)가 없고, 생기가 없으니 능력이 모자란다. 화기(和氣)가 없으니 어느 한쪽이 죽어 없어지는 날까지 반목하여 싸우기만 한다. 그리하여 결국 왕실도 망하고 나라도 망할 수밖에 없었다. 남연군의 묘소가 진정한 명당이라면 절대로 왕실이 망하지 않아야 하고 나라가 망하지 않아야 하는 것이 진리인데도 왕실도, 나라도 망한 마당에 왕족이라는 행운과 왕자라는 행운으로 얻은 왕을 두고 할아버지 묘소의 명당 기운 때문이라고 평가하는 것은 스스로 이 학문에 대한 무지를 드러내는 셈이다.

# 땅이 품고 있는 기운을 용도에 맞게 잘 활용하자

땅은 우주 대자연의 일체 기운을 품고 있으면서 생명을 주고 자라게 한다. 천기(天氣 : 天機)라고 하는 우주 천체의 기운과 열과 빛으로 생명과 생기를 주는 태양의 기운과 생명의 시작이라고 하는 물의 기운과 동식물 등 일체 생명체가 숨 쉬지 않으면 안 되는 공기 등 일체의 생명 에너지를 품고 있다.

자식들을 잉태하여 낳고 기르고 모든 것을 품어 주는 어머니에 땅을 비유한다. 땅은 그가 품고 있는 대자연의 기운을 모든 생명체들이 선택하거나 필요한 대로 나누어 준다. 물 기운이 필요한 생명체에는 물 기운을 주고, 거름 기운이 필요한 생명체에는 거름 기운을 준다. 석유, 가스, 각종 광물질을 비롯하여 땅이 품고 있는 모든 것들을 인간의 삶의 에너지로 사용하도록 제공

한다.

땅은 선악(善惡)을 모르고 차별하지도 않는다. 좋거나 싫은 초목(草木)도 없고 좋거나 싫은 동물도 없고 김가(金哥), 박가(朴哥), 이가(李哥), 쥐띠, 소띠, 개띠, 남녀노소 할 것 없이 좋거나 싫은 사람도 없고 시도 때도 가리지 않는다.

일부 풍수 학설인 음양오행 이론을 위주로 하는 이기론(理氣論)에서는 어떤 성(姓)씨는 묻힐 수 있는 땅이 있고, 어떤 띠의 사람은 묻힐 수 없는 땅이 있고, 특히 사람의 띠와 좌향이 맞아야 한다느니 어떤 연운에는 어떤 좌향으로 묘를 쓸 수 없다는 등의 이론을 만들어 주장하는 이도 있다.

그러나 땅이 어떻게 인간의 성씨를 구별하며, 태어난 해의 띠를 구별하며, 연운과 좌향이 맞는지 맞지 않은지를 구별한다는 말인가? 그렇지만 땅은 분명히 생명이 있으며, 온갖 생명 에너지를 품고 있다. 다만 선악(善惡)과 흑백(黑白)의 분별력이 없을 뿐이며, 어떤 성씨의 사람이건, 어떤 띠의 사람이건, 어떤 연운에 어떤 좌향으로든 땅의 품에 안겨지면 그곳 땅기운의 특성을 제공하며, 안겨진 그 물체로 하여금 어김없이 그 기운의 특성을 나타나게 할 뿐이다.

이러한 땅의 실체적 진실을 우리 인간이 체험적 경험과 지혜로써 그 원리를 발견하여 필요에 따라 좋은 땅과 나쁜 땅을 구별하여 활용할 뿐이다. 예를 들어 수분을 좋아하는 초목을 메마른 언덕 위에 심어 놓으면 자라지 않거나 메말라 죽고, 수분을 싫어하는 초목을 수분이 많은 곳에 심어 놓으면 역시 자라지 못하고 죽고 만다. 각종 초목(草木)들도 종류에 따라 그것에 맞는 토질(土質)의 땅에다 심는 것이 자라고 열매를 맺는 데 효율적이고 각종 과일 나무와 곡식들도 그에 맞는 땅에 심어야 잘 자라고 수확이 많고, 맛과 영양이 좋을 것은 당연한 결과다.

이와 같이 사람도 아무 땅에나 집을 짓고 살면 건강이 나빠져서 살아가기 어렵게 되는 것이므로, 좋은 기운을 가진 땅에다 집을 짓고 살면 건강이 좋아지고 창의력과 활동력이 좋아져 윤택하고 행복한 삶을 살게 될 것이다.

또한 조상의 유해도 그 기운이 자손과 불가분의 관계가 있으므로 초목이나 심을 수밖에 없는 땅에다 장사를 지낸다면, 유골이 산화(酸化)되기 때문에 그 자손이 피해를 보게 되므로 사람이 장사를 지낼 수 있는 기운 좋은 땅이 따로 있다는 사실을 알아야 한다.

풍수지리라고 이름 하는 이 학문은 인간이 어떠한 기운의 땅에다 집을 짓고 살아야 건강을 최선으로 유지하면서 행복한 삶을 살 수 있으며, 동시에 어떠한 기운의 땅에다 부모·조상을 장사 지내야 유해와 영혼이 편안하여 그 환원 에너지가 자손들에게 동조되어 건강을 최선으로 유지하면서 행복한 삶을 살 수 있는가를 궁구(窮究)하는 학문이다.

지혜와 의지로 땅이 품고 있는 특성을 알아내서 필요한 용도에 맞게 사용하는 것이 삶의 질을 높이고 행복하게 살아갈 수

있는 중요한 방편이므로 땅이 품고 있는 땅기운을 용도에 맞게
잘 활용하는 일에 최선을 다하자는 것이다. 특히 선 에너지 구조
라는 특성을 가진 우리나라의 산세 지형에서는 땅을 선별적으로
가려서 사용하는 것은 매우 중요한 일이기 때문이다.

# 풍수지리는 자연 과학이다

풍수지리는 자연 생명 에너지가 충만한 좋은 땅을 찾아서 용도에 맞게 활용하려는 자연 과학이다.

인간의 생로병사(生老病死)는 어김없이 되풀이되는 자연의 질서이다. 사람들은 그 질서 안에서 다들 최대한 건강하게 오래 살고, 최대한 부자로 살고 최고의 명예와 벼슬을 추구하지만 다른 사람보다 최선의 자연 생명 에너지를 선택하고 활용하는 지혜와 의지가 있는 사람이라야 상당한 수준의 수(壽) · 부(富) · 귀(貴)를 성취할 수 있다.

왜냐하면 한 인간이 태어남(生) 자체가 자연 생명 에너지의 최고, 최대, 최선의 동조, 집합, 응축 현상이기 때문이다. 우주의 별들이 우주 먼지가 모여 뭉쳐서 생성되듯이 인간, 즉 자손들의 생명체는 부모의 육신이 땅, 태양, 공기, 물, 일체의 음식물 등의 자연으로부터 제공받은 모든 생명 에너지의 동조, 집합, 응축으로 만들어진 자연 생명 에너지의 최강, 최고, 최선의 결정체이다.

그런데 대부분의 사람들은 그토록 갈망하는 수·부·귀를 이루어 보지도 못하고 여한을 품은 채 인간이 이름 지어 놓은 1세기라는 100년도 못살고 늙고 병들어 죽어 간다(生老病死).

자연의 질서 속에는 동조 에너지와 간섭 에너지가 공존하고 있음에도 불구하고 자연에 대한 상당한 부분의 무지와 무관심의 탓으로 선택적인 활용을 제대로 하지 못하는 데에 그 이유가 크게 있지 않을까.

자연이 우리 인간에게 제공하는 에너지에는 모든 인간이 공통적으로 직접 제공받을 수 있는 불특정 다수를 위한 에너지가 있고, 한정된 특정 상대만이 제공받을 수 있는 특정 에너지가 있다. 불특정 에너지란 땅으로부터 제공받는 각종 지기(地氣)와 태양, 물, 공기 등의 모든 자연 에너지이며, 특정 에너지란 모든 자연 에너지가 합성, 응결되어 있는 땅, 즉 묏자리인 혈장에 조상 유골을 안정하여 그 땅에 응결된 정기(精氣)를 조상 유골을 통하여 간접적으로 제공 받는 에너지이며, 선택적으로 활용하는 자에게만 주어지는 에너지이다.

조상의 유골은 혈심(穴場中心)에 응결되어 있는 자연 에너지를 전달받아 생명 에너지로 응축시켜 동질 인자(同質因子)인 자손들의 생명체에 환원(還元), 전달하는 것이다.

이와 같이 자손들 생명체에 환원, 전달되는 조상의 에너지는 자손들의 생명체에 대하여 동조 작용이냐 간섭 작용이냐의 강약에 따라 태어나는 후손이 얼마나 강한 생명체가 태어날 것이냐, 아니면 병들거나(선·후천성 난치병 등) 허약한 생명체가 태어날 것이냐(生), 또한 노화를 얼마나 지연시킬 수 있을 것이냐, 아니면 빨리 늙어 시들어 버릴 것이냐(老), 또한 병들지 않고 얼마나 건강하게 생[住]을 유지할 것이냐, 아니면 난치병으로 고생을 하며 살 것이냐(病)가 결정되어 수·부·귀의 성취도가 가름되는 것이다.

물론 나날이 발전되어 가고 있는 현재의 의학(醫學)과 생활환경·섭생·노력 등이 큰 몫을 하고 있는 것은 사실이지만, 부모·조상의 환원 에너지는 근원적으로 자손들에게 결정적이고 강력한 영향을 준다는 실제 상황도 이 학문에 의해 증명되고 있는 사실이다.

조상의 유골을 통하여 간접적으로 제공받는 자연 생명 에너지는 선성(善性), 악성(惡性)을 막론하고 그 작용력이 매우 강하다. 혈장이라는 곳에 집합, 응축된 자연 생명 에너지를 계기(計器)로 측정하여 검증한 일은 없다. 하지만 이 학문의 본질적 이론에 의한 조건을 갖춘 소위 명당이라는 묘소 혈장의 후손들의 삶의 질량(質量)과 흉지라는 묘소의 후손들의 삶의 질량이 증명해 주고 있으니 혈장이라는 땅에 합성, 응축된 자연 생명 에너지의 위력을 믿지 않을 수 없다.

다만 풍수지리는 오로지 자연 생명 에너지의 실체를 궁구하는 하나의 본질을 두고 이 이론, 저 이론, 이 설, 저 설 등을 만들어 아직도 세상 사람들의 눈과 귀와 머릿속을 어지럽게 하고 있으니 답답할 따름이다. 풍수지리는 음양오행의 글자를 짜 맞추는 역술(易述)도 아니고, 신들린 자의 점술(占術)도 아니며, 무슨 기구(器具) 등을 사용하는 기술(技術)도 아니다.

오로지 자연의 한 부분인 산세 지형의 에너지 변역 질서만 정확하게 읽고 혈장이 형성되는 원칙과 조건만 정확하게 읽을 줄 알면 우주, 천체, 태양, 물, 공기 등 일체의 자연 생명 에너지가 지기(地氣)와 합성된 정기(精氣)가 모여 응축되는 명당 혈장을 식별할 수 있는 것이다.

우리 인간은 아무리 자연의 질서를 지혜롭게 궁구하고 정확하게 식별하여 선택적으로 잘 활용한다 하더라도 생로병사를 벗어날 수는 없겠지만 그러나 한 생을 보다 건강하게, 보다 크게, 보다 보람 있게, 보다 행복하게, 보다 길게 누릴 수는 있을 것이다.

# 두 마리 토끼를 잡을 수 있다

명당을 찾아 활용하여 능력있는 인재를 배출하거나 명당이 아니라면 화장을 통해 악성 환원 에너지를 줄이는 것이 차선의 방편이다.

국토의 대부분이 판 구조 산세 지형으로 되어 있는 이웃나라 일본과 국토의 대부분이 선 구조 산세 지형으로 되어 있는 우리나라를 비교해 보면 2차 세계 대전 이후에 서구식 의회 민주주의 출발 시점은 같았으나 국회의원들의 의정 활동 모습들은 너무나 대조적이다.

우리나라 국회의 모습은 예나 지금이나 조금도 발전되고 성숙한 모습은 볼 수가 없다.

겉으로는 수없이 애절할 정도로 국민을 위한다고 하면서도 속으로는 오로지 자기네 당파의 이익을 위해서는 한 발짝도 양보

하지 않는 이기적 갈등으로 기물 파괴와 인신 폭력을 서슴지 않는 등 죽기 살기로 싸우는 폭력 집단 같기도 하고, 걸핏하면 농성이나 거리로 나서는 모습들은 그런 화면을 본 철부지 아이들에게, "국회가 뭐하는 곳이냐?"라고 물으면, "어른들이 싸움하는 곳."이라 하고, "국회의원이 뭐하는 사람이냐?"고 물으면, "데모에 앞장서는 사람들."이라고 인식하면서 자랄까 두려운 일이다.

또한 그 수를 헤아릴 수 없이 많은 무슨 기관, 무슨 단체 조직들은 제각기 오로지 아전인수식 이기심으로 날이면 날마다 무슨 투쟁, 무슨 쟁취하며 법 위에 군림하다시피하는, 무법천지 같은 우리 사회의 모습들은 다른 나라에서는 찾아보기가 어려운 현상이 아닐까.

이처럼 법을 만드는 위치에 있으면서 지고 지존(至高至尊)을 누리는 국회의원들이나, 조직과 비조직을 막론하고 사생결단으로 자신들의 이권을 우선시하는 갈등적 이기심이 강하기로는 우리 국민이 세계 1등인 것 같다. 이기적·사회적 갈등으로 인하여 GDP의 27%를 손해 보는 나라가 우리나라라고 한다.

역사적으로 우리 민족은 이 작은 땅 덩어리 안에서 갈등적 이기심으로 유난히도 파당을 만들고 사생결단으로 분쟁을 일삼던 역사는 결코 우연한 일이 아니다. 수천 년을 살아온 우리나라 산세 지형에 의한 자연 환경 에너지 때문이라고밖에 볼 수 없다.

수많은 산과 골짜기로 인하여 땅의 고저(高低)가 수없이 많고 좌우(左右)로 왔다 갔다 하며 우왕좌왕하는 등의 산세 지형의 특성은 우리 민족성의 감정의 기폭과 갈등을 만들어 주는 자연 환경 에너지로서의 역할이 크기 때문이다.

왜냐하면 지구상의 모든 생명체는 그가 생존하고 있는 자연 환경에 맞도록 진화하기 때문이다. 그 진화의 중요한 요체는 외부로 나타나는 신체적 구조와 내면의 성품인 것이다. 다윈의 진화론을 인정한다면 우리 민족이 대대로 살아오고 있는 이 땅의 자연 환경 에너지에 의해 그 성품과 신체적 조건이 만들어졌다는 진실을 인정해야 할 것이다.

국토의 대부분이 판 구조 산세 지형인 나라들은 지세 지형이 고저의 차이가 크지 않은 자연 환경 에너지 특성 때문에 그 나라의 민족성은 대체적으로 감정의 기폭도 작은 편이며 구심력(求心力)도 강하여 조화로운 화합과 결집이 잘되므로 비록 평범한 정도의 지도자라 하더라도 중대한 과오를 범하지 않는 한 대체적으로 나라를 잘 이끌어 간다는 사실을 알 수 있다.

그러나 우리나라는 높고 낮음과 좌우로 굴곡이 많은 선 구조 산세 지형인 자연 환경 에너지 특성처럼 대체적으로 국민 개개인이나 조직의 각 개체들마다 갈등적 이기심이 지나치게 강하고 자칫하면 분열과 파당으로 잘 흩어져 버리는 원심력(遠心力)이 강한 민족성을 지니고 있다. 때문에 최고 지도자의 강력하고 특출한 리더십이 있어야 국민의 뜻을 하나로 결집하여 나라 발전을 기할 수 있게 된다는 사실을 역사가 증명해 주고 있다. 그러므로 우리나라는 강력하고 특출한 리더십이 있는 지도자의 필요성이 절대적이다.

우리나라 역대 대통령이 된 분들의 조상 산소들을 살펴보면, 대통령이 될 수 있는 그릇을 만들어 준 부분적인 특수한 조건을 갖춘 조상 산소가 분명히 있는가 하면, 대통령이 되긴 했으나 능력과 리더십이 부족하고 국민들에게 존경받지 못할 과오를 범하게 될 수밖에 없는 그러한 조건을 가진 조상 산소도 분명하게 있었다. 또한 정·관·재계를 막론하고 각계각층의 지도급 인사들의 조상 산소 역시 그 나름대로의 조건을 갖춘 명당 산소가 있었다.

이처럼 우리나라는 산세 지형의 특성상 땅 정기가 어느 일정한 곳에 모이는 특성이 있으므로 그러한 곳의 땅 정기는 최선·최강(最善·最强)이다. 최선·최강의 땅 정기를 조상으로부터 환원·전달받으면 당연히 최선·최강의 인재가 될 자손이 출생하게 되는 것이 자연 생명 에너지가 만들어 내는 법칙인 것이다.

특히 우리는 국가 발전과 민족의 장래를 위한 인재와 지도자 배출을 위해서는 자연이 우리 민족에게 내려 준 선물인 명당을 찾아서 매장도 해야 하며, 흉지의 부모·조상의 악성적 환원 에너지로 인한 자손들의 극심한 피해를 방지하기 위해서는 차선의 방편으로 화장도 해야 하므로 이제부터 두 마리 토끼를 다 잡을 수 있는 방안을 강구해 보자.

첫 번째 토끼를 잡자면 우선 명당을 찾아 활용하여 능력 있는 지도자를 비롯해 각계각층의 인성과 자질을 갖춘 인재를 배출해

야 한다. 미래 국가의 장래는 능력 있는 지도자와 인재가 좌우한
다. 그러므로 우선적으로 정·관계의 정의롭고 애국적이고 능력
있는 지도자와 각종 발명 연구에 임할 두뇌와 인재들이 많이 배
출되어야 물질적, 경제적으로 풍요로운 사회를 만들 수 있다.

21세기는 인재 자원 확보가 경쟁에서 승리할 수 있는 첫째 조
건이라고 한다. 창조는 인재가 만들어 낸다. 인재가 없으면 창조
도 없다. 창조가 없으면 퇴보요, 퇴보는 곧 멸망을 의미한다. 부
존자원이 빈약한 우리나라는 고급 두뇌 인재를 확보하지 못한다
면 후진국으로 낙오되어 가난을 면할 수 없게 될 것이다.

지금 세계는 21세기 인재 확보 전쟁 시대로 돌입했다고 한다.
중국은 지금 세계 100위권의 대학과 연구소에서 일류 과학 기술
자 1,000명을 데려와서 국제 수준의 대학 연구소 100개를 만들
겠다는 소위 '111 계획'을 세워 진행하고 있다고 한다.

우리나라는 지정학적으로 나라가 약해지면 정치적으로나 경제
적으로나 중국이나 일본의 힘에 예속될 수 있는 위험이 많은 나
라이다. 한반도를 훌륭하고 강한 군주가 지배할 때는 나라 대 나
라로서 힘의 균형을 유지할 수 있었지만 허약한 군주가 지배할
때는 어김없이 중국이나 일본의 속국 노릇을 했었다는 사실을
역사가 증명하듯이 능력 있는 강한 지도자와 인재 확보 외에는
국토와 민족을 지킬 방도가 없는 것이다.

우리나라는 활용만 잘하면 훌륭한 인재가 될 재목이 많이 나
는 좋은 땅 정기를 가진 나라이기 때문에 실제로 좋은 인재들이

많이 배출되고 있으면서도 많은 인재들을 외국에 빼앗기고 있는 실정이다. 한국 직업 능력 개발원의 2004년 조사에 의하면 미국에서 일하고 있는 한국인 과학 기술 분야 박사 학위 취득자 900명에게 한국으로 귀국할 것인가를 물었더니 73.9%가 미국에 남겠다고 했고, 2001년 이후 미국 대학에서 받은 한국인 박사 454명 중 199명은 귀국하고 255명은 미국의 각 연구 기관에서 일하고 있다고 한다.

전 세계 여러 나라에서 일하고 있는 우리나라 출신 고급 두뇌들을 다 합치면 얼마나 될지 모르겠지만 미래의 산업 발전과 국가 발전을 주도해야 할 우리의 많은 고급 두뇌들을 그들이 국가에 봉사할 수 있는 여건을 만들어 주지 못해 외국에서 정착하게 함으로써 우리의 고급 두뇌의 해외 유출이 심각한 수준이라고 한다.

나라 경제가 세계 10위권에 있음에도 불구하고 연구 환경, 근무 조건, 자녀 교육, 일자리 부족 등의 이유로 많은 고급 두뇌들이 공부를 마친 후 귀국하지 못하고 외국에서 그대로 정착하게 한다면 이것은 전적으로 정치와 정책 분야 지도층의 책임이 크다고 하지 않을 수 없다.

현재, 미래를 막론하고 국가와 민족의 풍요로운 번영과 생존을 위해서는 최고 지도자를 비롯하여 각계각층의 훌륭한 지도자와 유능한 인재가 끊임없이 필요하다. 그러므로 우리는 우리의 자연 환경 에너지의 장점을 최대한 활용하여 훌륭한 지도자와 인재가 될 만한 인재들을 끊임없이 배출하여 국가와 민족에 봉사할 수 있게 하는 것이 그 첫 번째 토끼를 잡는 방편이 될 것이다.

다음으로 두 번째 토끼를 잡으려면 화장을 하지 않을 수 없다. 누누이 거듭해 설명하지만 어떠한 상황으로든 조상과 부모의 유체가 산화가 될 때는 악성 간섭 환원 에너지가 자손에게 교감되어 정신과 육체를 병들게 하며, 생명 활동의 능력을 저하시키거나 자손들을 빨리 소멸시킨다. 이 같은 피해를 예방하기 위해서는 혈장의 조건을 갖춘 곳이 아니면 절대로 인위적으로 만들어 매장을 하지 말아야 한다. 혈장이 아닌 곳에 묘를 쓰면 후손이 망하고 소멸되는 것은 시간 문제이기 때문이다. 2008년 통계에 의하면 전국적으로 무연분묘가 800만 개에 이른다고 한다.

묏등에 나무가 자라 묵어 있는 묘들을 보면 한결같이 모두가 혈장이 아니다. 그러한 묘소들에 묻힌 유체들은 그들의 후손들을 고생하게 하며 결국은 절손이 되게 하여 묘를 돌볼 자손이 없게 만들고 만다. 부모의 생전 유언이나 또는 편리 목적으로 혈장이 아닌 곳에다 매장을 하면 땅 정기가 없기 때문에 유골이 산화되므로 그 자손들은 당연히 피해를 당하게 된다. 더구나 대리석으로 석곽, 둘레석, 큰 상석 등의 치장을 잘못하게 되면 100% 물과 바람이 침입하게 되니 그 피해는 불을 보듯 뻔하고 감당이 불가능하다.

부모·조상의 악성 환원 에너지는 자손들의 체력을 떨어뜨려서 병에 대한 내성(耐性)을 약화시키므로 각종 난치병과 성인병 등 육체적인 질병과 정신 질환 등에 잘 걸리게 하는 체질을 만든다.

집안에 우환이나 생업에 어려움이 있어 필자를 찾아 상담하는 분들의 조상 산소를 살펴보면 하나같이 부모·조상 산소의 결함이 원인이었다. 그나마 부모·조상 산소 문제를 상담할 정도의 자손들은 뭔가 잘못된 부분을 찾아서 시정을 하겠다는 의지라도 있으니 그래도 조금은 정신이 있는 편이지만 그런 의지조차도 없이 하루하루를 비몽사몽간에 살아가고 있는 자손들이 너무나 많은 실정이다.

흉지에 있는 조상의 유골은 그 양이 많으면 많을수록 나쁜 악성 기운이 많이 나오게 되니 당연히 피해도 크고 많게 되고, 유골의 양이 적으면 적을수록 나쁜 악성 기운이 적게 나오게 되는 것이므로 그 피해도 당연히 적게 되는 것이니, 흉지에 매장을 해서 많은 피해를 당하는 것보다는 화장을 해서 유골의 양을 줄이는 것이 비록 차선책(次善策)이긴 하지만 두 번째 토끼를 잡는 방편이 될 것이다.

# 화장이 차선책

**명당 혈장이 아니면 화장이 차선책(次善策)이다.**

조상의 환원 에너지가 현재 살아 있는 자손들뿐만 아니라 미래에 태어날 후손들의 에너지 근원(根源)으로서 수명과 건강 등 모든 생활상과 직결되어 있어 삶의 질과 양에 큰 비중을 차지한다는 사실을 적극적으로 인식하지 않을 수 없다.

그것은 우리 주변에는 조부모, 또는 부모의 장사를 지낸 후에 예기치 않은 각종 불상사로 인하여 고통 받으며 삶의 균형이 무너지는 자손들과 집안들이 많다는 사실들을 스스로 체험하거나 주변에서 일어나는 이야기들을 들어서 익히 알고 있는 사실이기 때문이다.

이와 같은 사실들은 조상의 영혼, 즉 귀신의 장난이 아니라 죽은 자와 산 자의 물질 에너지 관계 작용으로서 이는 곧 자연계의 본질적 연기 질서(緣起秩序)인 것이다. 이러한 사실을 인식한다면 우선 눈앞에 보이는 편리에만 급급하지 말고, 죽고 나면 끝이라는 근시안적 편견에서도 벗어나 미래를 생각하는 지혜와 의지를 발휘하여 최선의 합리적인 방법을 강구하여 시행하지 않을 수 없을 것이다.

자연이 만들어 놓은 명당 혈장을 인연할 수만 있다면 지혜롭고, 정의롭고 창조적 능력이 있는 지도자와 훌륭한 인재 배출을 위해서는 명당 혈장을 찾아 사용하는 것이 민족의 장래를 위하는 길이다. 지도자의 무능과 정의롭지 못한 행위가 국민들을 얼마나 불행하게 만들고 나라 발전을 얼마나 저해하는지 우리는 익히 알고 있지 않은가.

그러나 명당 혈장이 아니면 차라리 화장을 하자.

아무 곳에나 매장을 하면 시기의 빠르고 늦은 차이만 있을 뿐 반드시 자손들은 피해를 당하기 마련이며, 이러한 집안들이 늘어나면 결국 사회와 국가의 발전이 발목을 잡힌다.

그러므로 아무 곳에나 매장을 하여 감당할 수 없는 각종 피해를 당하는 것보다는 차라리 화장을 하는 편이 훨씬 피해가 적게 된다. 왜냐하면 조상의 나쁜 간섭 에너지는 유골이 많이 있을수록 많이 나오고 적으면 적게 나오기 때문에 만약 아무 곳에나 매장을 하게 되면 그 유골 전체에서 나오는 나쁜 간섭 에너지는 강하고 크기 때문에 자손이 입는 피해는 더욱 많고 크게 되므로 화장을 하여 유골의 양이 적으면 비록 나쁜 에너지라 하더라도 작고 약하기 때문에 흉지에다 매장을 하여 받는 나쁜 간섭 에너지와는 비교할 수 없이 그 해가 약하게 된다.

설령 명당 혈장이라 하더라도 장법(葬法)을 잘못하여 물과 바람 등이 침입하여 각종 염(炎)이 발생하고 빠르게 산화(酸化)가 진행된다면 그 결과는 나쁜 곳에다 매장을 하는 경우와 마찬가지가 되고 만다.

화장을 한 유골을 산이나 물에 뿌려 버리는 것은 자손으로서 부모·조상에 대한 도덕적 도리에도 맞지 않을 뿐만 아니라 인간으로서의 존엄성과 자손으로서 예의마저 스스로 내동댕이치는 일이다. 그러나 자손이 없는 경우에는 산골(散骨)을 해서 빨리 산화(酸化)시켜 주는 것이 망인의 영혼이 육신에 대한 애착을 빨리 끊게 하는 일이 될 수는 있다.

사설, 또는 공공 납골당에 안치하거나 묘 형태의 가족 공동 납골묘에 안치하는 것은 편리한 점은 있겠지만 화장 납골의 최선책은 아닌 것 같다. 왜냐하면 습도, 온도 조절이 되지 않으므로 유골 가루가 썩으면서 벌레가 발생하기 때문에 자손들에게는 미미하지만 피해가 있을 수도 있고 냄새 때문에 출입이 꺼려지기 때문이다.

여러 가지 장점을 들어 수목장(樹木葬)을 권장하는데 나무 아래에 항아리 채로 깊이 묻는 경우는 권장할 만하지만 나무로 하여금 할아버지·할머니 나무, 아버지·어머니 나무라고 하는 일은 글쎄 뭐라고 해야 할까. 여러 가지 방편들을 주장, 또는 권장하고 있어서 각자 사정과 판단에 의해서 할 일이지만 필자는 납골 평장묘를 권장한다.

납골 평장묘는 땅을 생지(生地)가 나오도록 깊이 파고 유골 항아리를 묻고 물이 침입하지 않도록 해야 하며, 그 위에다 묘표석(墓表石)을 세우기 때문에 아주 적은 면적이라도 많은 평장묘를 쓸 수가 있다. 한 평 정도의 면적이라도 다닐 수 있는 길만 남겨 놓고 사용한다면 사용하기에 따라서 상당히 많은 유골을 봉안할 수 있으므로 산지 훼손이 적어 국토 보전에도 크게 도움이 될 것이며, 외관상에도 좋을 뿐만 아니라 더욱 중요한 것은 자손들이 모여서 혈육 간의 우의를 다질 수 있는 좋은 장소와 기회가 될 수 있어서 좋다.

이 경우에도 가능하면 땅기운이 좋은 곳을 선정할수록 비록 적은 양의 유골일지라도 그 땅기운에 상응하는 좋은 기운을 자손들이 받을 수 있다. 명당 혈장의 기운과는 비교할 수 없지만 스스로 건강을 위해 노력하면서 충실하게 살아간다면 나쁜 땅에다 매장을 하여 악성 간섭 에너지를 강하게 받는 자손들과는 비교할 수 없는, 보다 나은 인생을 살 수 있게 될 것이다.

아무리 좋은 기계라도 무리하게 사용하고 정비와 관리를 잘하지 않으면 쉽게 고장이 나고 망가지기 마련인 것처럼 아무리 강하고 좋은 건강한 몸을 타고난 사람일지라도 과도하게 사용하고 스트레스가 쌓이고 쌓이면 결국 병들게 마련이다.

조상이 아무리 좋은 명당에 계시더라도 스스로가 기름통을 짊

어지고 불속에 뛰어드는 자손을 구해 주진 못한다. 비록 약체로 태어나고 또한 부모·조상으로부터 양호한 환원 동조 에너지를 못 받는 사람일지라도 스스로 건강을 위하여 최선의 노력을 다 한다면 그에 상응하는 건강을 유지, 발전할 수 있으므로 강하게 태어나고 조상의 양호한 환원·동조 받으면서 무리하게 사용하고 잘못 관리하는 사람보다는 오히려 값진 삶을 살 수 있게 될 것이다.

그러나 화장을 하여 비록 적은 양의 유골일지라도 습도, 온도 등이 알맞지 않으면 유골이 썩으면서 벌레 등이 발생하게 되어 자손들은 작은 피해라도 입게 되는 것이니 납골당, 납골묘, 납골탑, 납골 평장묘를 막론하고 시설의 결함이나 관리 잘못으로 이와 같은 일이 발생할 수 있다.

무의미한 고정관념이나 관습에 얽매이지 말아야 하고, 남들이 다들 그렇게 하니까 나도 그렇게 하는 유행을 따르지 말아야 하고, 매장을 할 경우에는 묘소 관리의 편리를 목적으로 묘지 선정을 하지 말아야 하고, 과시욕이나 효심이 발동하여 각종 치장으로 겉치레를 하지 않아야 한다. 장묘 문화와 제도는 후손들의 건강, 재산 등 생활상과 직접 관련이 있기 때문에 잘못된 부분은 과감히 시정하여 합리적이고 미래 지향적으로 장묘 문화와 제도를 만들어 가는 일이 경제 발전 못지않게 국민의 행복 지수를 높이는 데 큰 몫을 담당하는 일이 될 것이다.

# 죽은 자와 산 자와의 동일 유전 관계

동일 유전 인자인 죽은 자(부모·조상)와 산 자(자손)와의
관계를 밝혀내는 일은 의·과학자들의 몫이 아닐까?

요청에 의해 상담을 해보면 조부모나 부모가 돌아가신 후 그
집안의 자손들 중에는 멀쩡하던 사람이 병원 진단에서도 원인이
불분명한 정신적 병고에 시달리는 사람, 또는 각종 난치병으로
육체적 고통에 시달리는 사람, 잘되던 생업도 이상하게 부진하거
나 예기치 못한 손재나 심지어 파산 등으로 생활에 어려움을 겪
는 사람, 더욱 충격적인 일은 불의의 사고로 사망 또는 중상을
입은 사람 등으로 집안에 우환이 끊이지 않아 진퇴양난의 지경
에 이르러 있는 집안들이 대부분이었다.

이러한 연유로 필자를 찾아 상담하는 사람들의 그 동안 애쓴
이야기들을 들어 보면 병원, 약, 점, 철학관, 굿, 종교 등 안 해

본 것이 없을 정도로 각종 방편들을 동원해 온갖 노력을 다해도 도저히 탈출구가 보이지 않으니 마지막으로 설마 하면서 혹시나 하고 부모·조상의 산소에 탓을 돌려 보는 경우였다. 그 이유로 는 가만히 생각해 보니까 조부모, 또는 부모가 돌아가셔서 장사 를 지낸 이후 언젠가부터 집안의 우환이 시작됐기 때문이라고 한다.

그러한 집안들의 조부모와 부모 산소들을 감정해 보면 경중의 차이만 있을 뿐 전부가 나쁜 조건에다 묘를 썼을 뿐만 아니라 설상가상으로 장법도 잘못해서 물까지 침입해 있었다.

운 좋게도 좋은 혈장을 마련하여 완벽한 장법으로 옮겨 모서 놓고 나면 집안의 여러 우환들이 호전되어지는 사실들을 수시로 전해 들으면서 정말로 신기하다는 생각이 든다.

뿌리가 깊은 큰 나무는 뽑기가 어렵듯이 질환도 오래된 경우 나 중증인 경우에는 시간이 걸리겠지만 오래되지 않은 질환, 특 히 정신적 질환인 불안, 초조, 불면증, 우울증 등은 아주 빠르게 호전되는 경우가 많았고, 오장육부의 질병도 오래되지 않은 경우 에는 치료 효과도 좋을 뿐만 아니라 생각 외로 꽤 빨리 호전되 는 것을 볼 수 있었다.

특히나 술만 마셨다 하면 술에 사람이 먹혀 인사불성이 되는 자손, 또는 병적으로 도박이나 바람기가 많은 자손 등도 안정을 찾게 되는 것을 볼 수 있었다.

뿐만 아니라 어렵고 힘들던 생업 문제가 이상하리 만큼 빨리 회복되거나 생각지도 않은 전화위복의 행운을 얻는 경우도 있었다. 이러한 일면의 결과들은 예상했던 일이면서도 참으로 신기하기도 하고 놀랍기도 하다.

필자가 체험하고 있는 이러한 사실들은 과연 우연일까, 아니면 당연한 결과일까. 사후의 부모·조상 유해의 에너지와 자손의 생명체 에너지가 아무런 관련이 없다면 나쁜 조건에 있는 부모·조상의 산소를 좋은 조건을 갖춘 곳으로 이장을 하고 나면 왜 그 자손들에게 정반대의 현상이 일어날까.

현대의 의·과학(醫·科學)은 최첨단 장비를 갖추고 인간의 생로병사의 원리를 거울처럼 들여다보는 수준에 도달해 있음을 자부하면서도 죽은 자와 산 자, 즉 부모·조상의 에너지와 자손의 생명체 에너지가 눈에 보이지 않는 어떤 연결 고리로 이어져 있으면서 이 두 에너지 간에 어떤 관계 작용이 있지 않을까 하는 의문조차 가져 보지 않고 원천적으로 무시하거나 무관심한 것 같다.

필자의 순수한 체험에서 얻은 결과들을 토대로 나름대로 듣고 읽은 짧은 과학의 지식과 접목시켜 정리해 보면 모든 물질은 에너지이다. → 에너지는 특성적 파장을 발산한다.→동일 물질은 동일 에너지 장(場)이 형성된다. → 공진 회로(共振回路)가 형성되어 → 공명(共鳴) 작용을 한다.

물질의 이러한 에너지 특성을 인간의 육신에 대입해 보면 부모·조상과 자손은 동일 유전 인자로서 동일 물질이므로 동일 에너지 파장을 발산한다. → 동일 에너지 장에 의한 공진 회로가 형성되어 → 두 에너지는 서로 만나 공진(공명) 운동을 한다. 단, 죽은 자의 에너지는 발산(發散) 특성, 산 자의 에너지 특성은 집합(集合) 특성, 그 상호관계 작용의 결과는 동조(同調)되느냐, 간섭(干涉)되느냐에 따라 생명체인 자손들에게 선(善)과 악(惡), 즉 길(吉)과 흉(凶)으로 나타난다고 이렇게 어설픈 정리를 해보았다.

필자의 상식으로는 객관적으로 실증들이 되고 그에 따른 이론이 뒷받침이 된다면 과학적이 아닐까 하는 생각이다. 그러나 과학자들은, "검증된 바 없다."는 한마디로 부정하거나 아예 무시해 버린다.

1920년 미국에서는 '에디슨이 죽은 자와 교신 장치 개발 중'이라는 뉴스가 나왔다고 한다. 발명왕 에디슨은 무덤에서 어떤 에너지 파장이 나오고 있음을 발견했을 것이다. 그러나 그는 그 뜻을 이루지 못하고 1931년 84세로 사망했다. 필자는 과학에는 문외한이지만 자연 환경 에너지와 인생 문제를 궁구하는 입장이므로 인간의 생로병사를 연구하는 의·과학자들에게 유전 인자가 동일한 죽은 자의 유해 에너지와 산 자의 생명체 에너지 간에도 혹시나 어떤 연관 관계가 있지 않을까 하는 의문을 가끔은 갖는 계기가 되었으면 한다.

# 나의 부모·조상의 산소는
# 길지(吉地)일까? 흉지(凶地)일까?

이 장에서는 태어나는 자손에게는 근원적(根源的) 에너지가 되고, 태어나서 세상을 살고 있는 자손에게는 그 삶의 질량(質量)에 지대(至大)한 영향을 주게 되는 에너지원인 부모·조상의 유골의 소중함을 더욱 깨닫게 하기 위하여 앞서 설명했던 부분이라도 거듭 설명하여 각자 후회와 회한이 오지 않도록 부모·조상의 사후 장례 문제에 신중을 기하기 바라는 저자의 간절한 마음을 전하고자 한다.

"해보다가 안 되면 조상 탓한다."는 우리 속담도 있지만 그렇지 않은 사람도 조상 산소에 대한 관심이 있는 사람은 항상, "나의 부모·조상은 과연 편안하게 잘 모셔져 있을까?"라고 궁금한 생각을 갖게 마련이다.

아무리 열심히 해도 하는 일마다 잘 풀리지 않고 좋은 결실이 없어 삶이 계속적으로 여의치 못한 사람은 잘못된 부모·조상의 산소 때문이 아닐까 궁금해지고, 그렇지 않은 사람도 내 부모·조상의 산소는 길지일까, 흉지일까, 궁금해지게 된다.

잘한다는 풍수를 수소문하여 인연이 닿는 대로 초빙하여 감평을 받아 보면 대부분 속 시원한 설명이나 해답이 나오지 않으니까 몇 번씩이나 감평을 받아 본 자손들도 더러 있었다.

전혀 일면식도 없는 자손들 앞에서, 더구나 낯선 산세 지형에서 그 부모·조상의 무덤을 보고 길과 흉을 판단하여 설명한다는 일은 여간 어려운 일이 아니다.

그러나 길지와 흉지를 감평하는 방법 중 분명한 것은 음양오행의 글자로서 풀이하는 이기론(理氣論)의 좌향(坐向)이나 물형 풍수(物形風水)들의 상상력으로 이름 지어 풀이하는 형국론(形局論)으로는 절대로 올바른 감평을 할 수가 없다는 사실이다. 오직 에너지의 실체로서 산세 지형의 음양(陰陽)인 용맥의 번역 질서와 혈장의 형성 원리에 따라 그 증거가 되는 조건들에 의해서만 올바른 감평을 할 수 있다는 것이 풍수지리의 본질적 진실이므로 이 장에서는 일반 독자 분들이 자신의 부모·조상의 산소가 현재 어떠한 상황이며 길지인지 흉지인지를 어렴풋이나마 짐작이라도 할 수 있게 도움이 되도록 노력해 보려고 한다.

만물이 다 그러하듯이 자연의 질서에 의해 자연이 만들어 놓은 명당이라는 혈장 역시 그 증거인 조건들을 갖추고 있다. 그러기 때문에 용맥의 번역 질서와 혈장의 형성 원리에 대한 정확한 이론 학습과 세심하고 꾸준한 현장 학습에 의한 연구로서 상당한 지식이 없으면 그 실체를 올바르게 감평하기가 매우 어렵다. 왜냐하면 풍수지리는 어림짐작으로 두루뭉술하게 활용해서는 절대로 안 되는 위험한 학문이기 때문이다.

길과 흉의 원인이 되는 용맥과, 혈장과 가까이 있는 사격(沙格) 등의 증거들을 찾아 지적하며 설명하지 않고, 먼 산만 바라보거나 주변을 두리번거리다가 패철을 들여다보고는, "좌향이 잘못됐다."느니 눈치만 살피다가, "이만하면 됐다."느니 하고 엘-로드(L-Lod)나 추(錘) 등을 흔들다가, "수맥이 있다."고 하는 풍수는 흔히들 말하는 '반풍수(半風水)'에 속하지 않을까?

대부분의 일반인들은 자기네 조상 산소들은 풍수가 잡아 주었기 때문에 흉지일 리가 없다고 여기고 있다. 출장 감정을 나가서 누구나 눈으로 볼 수 있는 조건들을 지적하면서 길흉을 설명해 주면 사실임을 인정하면서도, "어째서 풍수마다 다른 말을 하느냐? 풍수는 다 같은 풍수가 아니냐?"고 반문을 받을 때는 "그 사람들이 엉터리."라고 말할 수 없어 말문이 막혀 버린 적이 한두 번이 아니었다.

지금 우리나라에는 갖가지 풍수 이론의 수많은 책들이 서점 진열대에 놓여 있다. 내용들을 보면 우리나라 산세 지형에는 맞지도 않을 뿐만 아니라 핵심조차 없는 내용들이거나 이 책 저 책에서 발췌하며 순서만 바꿔 짜깁기를 해 놓은 자칭 타칭 풍수가들의 저서들이 수도 없이 많지만 관심 있는 일반인들이 읽어서 도움이 될는지는 의문이다.

필자가 알기로는 우리나라 풍수계 초창기의 대가로 전해지는 국사나 대사 분들은 주로 형국론이라고 하는 물형(物形)을 위주로 하여 길지와 흉지를 감평했다. 그러나 이 물형론은 산의 모습을 멀리서 외형을 보고 그 생김새에 따라 상상력에 떠오르는 각종 짐승이나 물건의 이름을 붙여 그야말로 두루뭉술하게 평(評)을 함으로써 에너지의 핵심이 되는 혈장 조건의 실체를 놓쳐 버렸다. 때문에 이것은 풍수지리의 이론이라기보다는 전설적인 이야기를 남기는 풍수 설화가 될 수밖에 없는데도 지금까지 풍수지리의 본질적 이론처럼 퍼져 있다.

또한 음양오행에 의한 이기론(理氣論)이 소위 양반 계층으로 전파되면서 산세 지형에 의한 에너지의 실체는 무시된 채 여러 종류의 각종 음양오행 이론을 원용하여 역술적으로 만든 글자로 된 좌향이 길흉을 좌우하는 것이 이 학문의 요체이며 진실인 것처럼 잘못 알려져 왔다. 따라서 대부분의 사람들은 역술(易述)이 풍수지리와 동일한 학문으로 잘못 알고 있는 실정이다. 게다가 근래에는 지하 수십 미터 내지 수백 미터에 있는 수맥을 찾는 방법을 풍수지리에다 적용해 수맥 풍수라고 이름하여 이 학문을 거들고 나서니 답답하고 무지한 일반인들에게는 헷갈리다 못해 불신마저 키워 주는 데 한몫을 하고 있다.

과거 중견 정치인이었던 경남 출신 모 의원의 부친이 돌아가신 후 불행하게도 인명 사고가 연달아 일어난 일이 있었다. 주변의 많은 사람들이 안타까워했었다. 그로부터 세월이 한참 흐른후 그 형제 중의 한 분을 우연히 만나게 되어 위로를 겸해 조심스럽게 경과를 물어보았다. 그분 말씀이, "집안에 우환이 생기니까 풍수라는 사람들이 사방에서 접근해 왔는데 특히 수맥 풍수라고 하는 사람들이 무슨 처방을 하면 된다고 하여 너무나 답답했던 처지라 그 사람들이 하자는 대로 응했는데 아무런 효과도 없이 돈만 날렸다."고 하며, "더구나 우리나라에서 최고라고 하는 박사가 잡은 묏자리가 흉지라니 풍수 말을 누가 믿겠느냐?"라며 지탄을 하는 것이었다. 사실 필자는 지방으로 출장을 다니면서 수맥 풍수의 처방에 당했다는 집안들의 이야기를 여러 번 접했었다. 또한 우리나라 풍수계의 최고이며 소위 국풍(國風)이라는 명성 있는 박사가 어찌해서 그런 흉지에다 유명 인사의 부친 산소 자리를 잡아 줬는지 일반인들은 도무지 이해가 되지 않는 일일 수밖에 없다.

정말 어쩌다가 이 학문이 이 지경까지 이르렀는지 통탄을 금할 수 없는 일이지만, 그 원인은 지금까지 이 학문을 온고지신(溫故知新)하지 않고 오류(誤謬)투성이 이론을 그대로 사용했기 때문이다.

지금도 서점에 가보면 전통 풍수니 정통 풍수니 하며 우리 땅에는 맞지도 않는 옛날 이론들을 나열한 책들이 거의 전부이다. 청오경(靑鳥經), 금낭경(金囊經), 인자 수지(人子須知)를 술술 외우고 나경(羅經)에 의한 24 좌향(坐向)의 길흉을 천만 번을 맞추어도 현장에서 용맥의 번역 질서와 혈장의 형성 원리가 보이지 않으면, 즉 산을 보는 눈이 열리지 않으면 장님이 코끼리를 만져 보고 코끼리의 생긴 모습을 말하는 것과 무엇이 다르랴?

혈장은 오로지 생룡(生龍)에서만 형성되며 반드시 입수정, 청룡 선익, 백호 선익, 전순, 귀성, 요성, 관성 등의 혈장의 증거가 되는 조건을 갖추고 있다. 다만 혈장의 넓이가 넓거나 작거나 혈성(穴性)이 강하거나 약하거나, 원형이거나 타원형이거나, 혈장의 증거가 되는 조건들이 크거나 작거나, 강하거나 약하거나 등의 차이만 있을 뿐이다.

또한 용맥 역시 그 부속 조건이 되는 요도(橈棹), 지각(止脚), 지각(支脚)등을 갖추고 있으므로 이와 같은 조건들을 갖추고 혈장으로 이어져 내려온 용맥을 확인해야 진혈(眞穴)인지 가혈(假穴)인지를 판단할 수가 있다.

이러한 증거들은 현장에서 전문가가 지적하면서 설명하면 누구든지 직접 눈으로 보면서 확인할 수가 있다. 그러나 용맥과 혈장의 모습들은 천태만상(千態萬象)이다.

충청도의 한 독자 분은 ≪길한 터 흉한 터≫와 ≪터와 명당≫을 읽고 혼자 독학으로 연구하여 부친 산소를 이장하려고 시도했었다. 근처에 있는 풍수의 조언을 받아 가면서 혈처(穴處)를 정하고 자신이 직접 광중(壙中)을 상당한 길이로 파 내려가다가 이상하게도 겁이 덜컥 나서 중단을 하고 저자에게 연락을 해 왔다. 현장을 가서 보니까 용케도 용맥을 따라 혈장 근처까지 찾아 왔으나 혈장이 아닌 입수맥(入首脈)에다 광중을 파고 있었다. 바로 앞에 있는 혈장에다 바르게 이장을 해준 이후 전 가족이 건강도 좋아지고 여러 가지 어려움을 겪던 예전과는 달리 희망 찬 생활을 하고 있다. 만약 본인이 그대로 실행을 했더라면 즉시 인명 사고를 당할 뻔했으나 워낙 집념과 사려가 깊고 강한 분이라서 전화위복이 된 셈이지만 그 자손이 이 학문을 바르게 깨우쳐서 좋은 혈장을 찾아 부모·조상을 편안하게 모신다는 것은 여간 어려운 일일 뿐만 아니라 자칫 큰 위험이 따르게 된다.

지금 우리나라에는 형기 풍수, 이기 풍수, 수맥 풍수, 도사 풍수 등 자칭 타칭 풍수라는 이들이 수백, 수천에 달하지만 이 많은 풍수들이 자신이 잘 모른다고 하는 이는 한 사람도 없을 것이며 필자 자신도 이에 속하지 않는다고 할 수 없다.

어떠한 실력과 품성(品性)의 풍수를 만나든지 인연 만나기 나름의 '복불복'이라는 말을 연상케 되지만 그 인연의 만남은 조상으로부터 현재 자손에 이르기까지의 엄연한 업보 연기(業報緣起)에 의한 과보(果報)라는 숙연한 생각을 금할 수가 없으나 그보다는 선택과 실행을 스스로 결정할 수 있는 자손의 이 학문에 대한 무지로 인한 책임이 더 크지 않을까? 왜냐하면 돌아가신 분이 스스로 자신의 산소 자리를 찾아갈 수 없으므로 그 자손의 선택으로 맺어지는 인연에 의하여 장사가 치러지기 때문이다.

땅기운은 거짓이 없으므로 만약 조상 중에 한 분이라도 명당 혈장에 게신 분이 있다면 그 집안에는 필연코 그에 상응하는 발복(發福)이 있었을 것이며, 그렇지 못하다면 그 자손들은 대부분 힘겹게 세상을 살아가게 되는 것이 진리이다.

먼 조상을 제외하고 자신의 고조부모와 증조부모와 조부모와 부모까지의 사대(四代)의 산소만 감평을 해서 부모와 그 형제들의 살아온 과정과 나와 나의 형제들의 살아가고 있는 과정과 내 자식들의 삶의 모습들을 대조해 보면 땅기운의 정직함을 알 수 있게 된다.

단명하거나 난치병으로 고생하거나, 무슨 일이든 시작은 있으나 결실이 없고 아무리 열심히 해도 경제적인 어려움에서 벗어나지 못하거나, 주색잡기(酒色雜技)에서 벗어나지 못하는 자손이 있거나, 여자가 가출을 하거나, 우울증 등을 비롯한 정신 질환자가 있거나 선천적(先天的)·후천적(後天的) 불구자가 있거나 등 아무리 조심하고 노력해도 해결이 되지 않는 인생사는 그 자손들 생명체 능력과 면역을 저하시키는 부모·조상의 간섭 에너지가 그 근본적 원인을 제공한다고 하지 않을 수 없다.

의학자들이 공해, 스트레스 등 현대 문명적 간섭 에너지가 건강을 해치는 원인이라고 지적하는 것도 부인할 수 없는 사실이지만 부모·조상의 환원 에너지가 자손에게 근원적으로 선천과 후천에 동조와 간섭이 된다는 사실을 과학적으로 증명된 바가 없다고 하여 부정한다면 인생 만사에 과학적으로 증명된 것만이 진실일까?

돌아가신 부모·조상의 환원 에너지가 그 자손들에게 선천과 후천에 걸쳐 동조나 간섭으로 인한 길흉의 실체가 과거나 현재에까지 분명하게 나타나고 있으니 이러한 사실을 어떻게 진실이 아니라고 부정할 수가 있을까?

돌아가신 조상이 없는 사람은 없다. 돌아가신 부모·조상을 화장을 했느냐 매장을 했느냐, 화장을 했으면 그 유골을 어떠한 곳에다가 어떻게 예우하고 관리하며, 매장을 했으면 어떠한 땅에다 어떻게 예우하고 관리하느냐에 따라서 그 환원 에너지의 역가(力價)는 다르게 나타나는 것이므로 이 세상에 자손의 생명을 있게 해주고 또한 유지 활동케 해주는 선 연분(善緣分)인 부모·조상의 소중한 유골을 악 연분(惡緣分)이 되지 않도록 그 자손이 최선을 다한다면 한 가정 한 가정의 행복이 모여 만인이 행복해지고 사회가 편안해지고 나아가서 국가가 부강해질 것이므로 다음에 설명하는 내용들을 잘 새겨 주기 바란다.

# 매장의 경우 주의할 점

　매장의 경우에는 유골 전체가 에너지를 발산하기 때문에 동조 에너지나 간섭 에너지가 되거나 그 강도가 매우 커서 자손들에게는 길(吉)이 되거나 흉(凶)이 되거나 크게 영향을 주게 된다.

　아무리 좋은 혈장이라도 장법이 잘못되면 잘못된 정도에 따라서 피해도 따르게 되지만 혈장도 아닌 곳에다 장법마저 잘못한다면 간섭 에너지의 강도는 더욱 커서 그 상황에 따라 자손들에게 나타나는 피해는 더욱 크게 된다.

　그 첫째는 비가 올 때 광중에 물이 스며들지 않게 해야 한다.

　아무리 좋은 혈장이라도 광중에 물이 스며든다면 스며든 만큼 혈장의 에너지 역가(力價)는 줄어들 것이며 혈장이 안 되는 곳에 쓴 묘들도 물이 스며들어 더 큰 피해를 입게 되는 경우가 대부분이다.

요즘 수맥 풍수를 한다는 사람들이 묘에 수맥이 있어서 자손들이 피해를 본다고 주장하며 무슨 처방을 해준다고 하지만 효과를 보았다는 말을 들어 본 적은 없다. 수맥파(水脈派)의 영향이라면 묘 주변 한두 곳에다 무엇을 묻는 처방으로 수맥파가 차단될 리가 만무하고 수맥이 묘의 광중으로 흘러 들어온다면 역시 묘 주변에 무엇을 묻는 처방이 물길을 다른 곳으로 방향을 바꾸거나 물구멍을 막을 수가 있을까? 극히 상식적인 문제이지만 뭔가에 쫓기듯이 어찌 할 바를 모르는 자손들을 현혹케 하는 것이 '손쉬운 처방'이다.

유골에서 일그러진 비정상 파장인 간섭 에너지가 나오는 것은 유골이 산화 변질(酸化變質)될 때, 즉 유골이 썩어서 다른 물질로 변화되어 가면서 일어나는 현상으로써 광중에 수분이 필요 이상으로 많으면 유골에 수소 분해라는 화학적 변화가 일어나서 생기는 일이며, 만약 탈관(脫棺. 관을 쓰지 않고 하관하는 것)을 하지 않고 장사를 지내게 된 경우에는 관 속에 물이 꽉 차게 되면 유골의 에너지 유통 순환이 차단되어 자손들은 더욱 참담한 피해를 입게 된다.

물은 높은 곳에서 낮은 곳으로 스며드는 속성 때문에 다음과 같은 경우에는 반드시 광중에 물이 스며들게 된다.

첫째, 봉분 주위에 둘레석 치장을 완벽하게 하려면 왕릉처럼 크고 넓게 하고 생석회를 많이 사용하여 완벽한 시공을 해야 하는데 시멘트를 사용하여 석물이 겨우 지탱하도록 해 놓기 때문에 외관상 보기는 괜찮을지라도 빗물은 100% 스며들게 된다.

둘째, 중장비로 묘역을 다듬고 광중을 파는 등 모든 작업 과정을 장비를 사용했을 때 땅 조직이 파괴되어 물이 스며들게 된다. 중장비는 묘역 작업을 할 때 극히 제한적으로 사용해야 하며 모든 작업은 인력으로 하는 것이 원칙이다.

셋째, 큰 상석이나 망주, 비석 등 석물을 봉분 가까이 놓게 되면 물이 스며들게 된다. 석물 치장은 자손이 체면 치레나 과시용은 되겠지만 잘못 시공하면 백해무익(百害無益)하다.

넷째, 당판은 물이 잘 흘러 빠져나가도록 적당한 경사도가 유지돼야 하는데 평평하게 해 놓으면 물이 광중으로 스며들기 쉽다.

다섯 째, 석곽(石槨)을 하지 말자. 주로 혈장도 아닌 곳에다 중장비로 광중 작업을 하면서 토질이 무르거나 좋지 않을 경우나 나무뿌리의 침입을 예방한다거나, 또는 잘하느라고 흔히들 석곽을 설치하는 경우가 많은데 무너지지 않는 장점은 있겠으나 백해무익하다. 나무뿌리는 종이 두께 정도의 틈이나 거름기만 있으면 침입하는데, 사람의 시신이나 유골은 그 어떤 것보다 거름기가 많기 때문에 아무리 좁은 돌 틈이라도 침입하게 되므로 석곽이 나무뿌리의 침입을 막아 주지 못할 뿐만 아니라 물과 바람의 침입을 쉽게 해준다. 뿐만 아니라 돌은 흙보다 차가워서 흙속의 수분이 돌과 접촉이 되면 물로 변하기 때문에 설령 외부에서 물이 스며들지 않더라도 땅속으로 순환하는 수분이 돌과 접촉하게 되면 물방울로 변하며 광중이 매우 습해지게 된다.

필자는 혈장이 아닌 곳에 작업 감독을 해본 적이 없지만 혈장이 된 곳의 광중 작업은 전체적으로 인력으로 수작업(手作業)을 해야 한다. 혈장은 원래 토질이 비석 비토(非石非土)이기 때문에 토질 그 자체로써 외광중(外壙中)이나 내광중(內壙中. 시신을 안치해 놓는 곳)이 깨끗하고 반듯하게 만들어진다. 간혹 토질이 너무 강하면 생석회를 사용하며 내광중을 짓는 경우도 있으나 대리석을 광중에 사용해서는 백해무익이다.

여섯째, 봉분을 높게 하지 말고 광중이 여유 있게 덮여지도록 전후좌우를 넓게 하는 것이 좋다. 부모·조상의 산소는 만년유택이므로 다소 비용이 들더라도 인력으로 작업을 해야 완벽하게 할 수 있다. 생석회를 충분히 사용하며 광중을 완벽하게 봉해야 하며, 상처 난 주변을 잘 메워 주고 지질의 강도에 따라 당판의 경사를 적절히 유지해 주면 물이 스며드는 피해를 막을 수 있을 뿐만 아니라 광중으로 찾아 들어오는 나무뿌리의 피해도 막을 수 있고 바람의 침입도 막을 수 있다.

광중이 필요 이상으로 습하게 되면 처음에는 바깥으로 나타나지 않지만 2, 3년이 지나면서 습기를 좋아하는 잡초들이 무성해지면서 이끼가 생기고 잔디가 잘 살지 않는다. 이러한 경우에는 아무리 잡초를 제거해도 소용이 없다. 시일이 경과할수록 자손들은 초조, 불안, 우울증으로 시작하는 정신 질환, 심장병, 신장병, 당뇨병, 각종 암, 내장 질환 등의 건강상의 문제와 사업 부진, 실패, 손재 등 인생살이 전반에 걸쳐 각종 장애에 시달리면서 급하게 또는 서서히 무너지게 되는 원인이 된다.

가장 흔하고 빠르고 많은 피해가 물로 인한 피해이기 때문에 혈장이거나 비혈장을 막론하고 한 방울의 물이라도 지상에서 광중으로 스며들어 갈 구실을 만들어서는 안 되며, 비혈장일수록 그 피해는 더욱 심각해지므로 철저하게 물의 침입을 방지해야 한다.


## ■ 절대로 부모·조상의 묘를 쓸 수 없는 곳

우리 속담에, "지게꾼이 명당 잡는다."는 말도 있지만 그런 요행을 바라거나 믿는 어리석음을 범해서는 안 되며, 아무 곳에나 부모·조상을 장사 지내서는 안 된다. 앞에서도 설명했듯이 좋은 혈장을 식별하는 일은 상당한 연구가 있어야 가능한 일이므로 우선 절대로 묘를 쓸 수 없는 곳을 열거하니 참고하기를 바란다.

① 묘에서 앞을 보면 강물이나 시냇물, 개울물이 곧게 흘러가는 곳에 묘를 쓰지 말자.

② 경사가 급한 곳을 낮추고 앞에 축대를 쌓은 곳에 묘를 쓰지 말자.

③ 얕은 골이든 깊은 골이든 뒤쪽에 골짜기가 있는 곳에 묘를 쓰지 말자.

④ 묘의 바로 좌우 또는 좌우의 산이 역(逆 : 뒤로 젖혀져 있음)이
되어 있거나 역(逆)으로 진행하는 곳에 묘를 쓰지 말자.

⑤ 묘의 안산(앞산)과 주산(뒷산)이 역(逆)을 한 곳에 묘를 쓰지
말자.

⑥ 진행하는 산의 뒤 능선이나 앞 능선에 묘를 쓰지 말자.

⑦ 용맥의 요도(橈棹), 지각(止脚), 지각(支脚)에 묘를 쓰지 말자.

⑧ 자갈땅, 진흙땅에 묘를 쓰지 말자.

⑨ 음습(陰濕 : 그늘지고 축축한 곳)한 곳에 묘를 쓰지 말자.

⑩ 물이 묘의 바로 앞이나 좌우를 치고 지나가는 곳에 묘를 쓰
지 말자.

⑪ 사방팔방에 직사풍(直射風)이 닿는 곳에 묘를 쓰지 말자.

이상에 열거한 곳은 절대로 묘를 쓸 수 없는 곳이다. 만약 이러
한 곳에다 부모·조상을 장사 지냈을 경우 자손들에게 나타나는
피해 현상을 종합적으로 설명하면 병약, 단명, 온갖 고질병, 가정
불화, 형제 불목 등이 그치지 않고, 경제적으로는 자영업이나 사
업을 하는 자손은 시작은 있으나 결실이 매우 어려우며, 봉급과
생활을 하는 자손은 진급에는 어려움이 다르지만 헛된 욕심만 부
리지 않으면 젊은 시기에는 그런대로 살아갈 수 있게 된다.

부모·조상의 묏자리는 절대로 편리 목적으로 정해서는 안 된
다. 처음에는 편리한 것 같지만 시일이 흐르면서 자손들이 건강
상으로나 경제적으로 어려워지면 아무리 가깝고 편리한 곳에 부
모 산소가 있어도 성묘조차 하기 힘들어지므로 편리, 편리하다가

결국에는 오히려 자손들을 망하게 하는 결과가 되고 말 것임을
명심하기 바란다.


### ■ 화장의 경우 주의할 점

매장을 하려면 우선적으로 소유 산이 있어야 한다. 소유 산이
있더라도 혈장이 없으면 불가능하다. 경제력이 있어 산을 구입
하는 경우도 있으나 혈장이 없는 산을 구입하면 불가능하므로
산을 구입할 경우에는 반드시 전문가에게 의뢰하며 혈장의 유무
를 확인하고 혈장이 있으면 구입해야 한다. 소유 산이거나 구입
한 산이거나 혈장이 없음에도 불구하고 주로 양지바르고 따뜻하
다고 하여 묘를 많이 쓰는데, 그럴 바엔 차라리 화장할 것을 권
한다.

화장을 한 후에는 적은 양의 유골이 남았을지라도 소중하다는
사실을 다시 강조한다. 습기와 공기가 유골함에 들어가면 곰팡이
와 벌레가 생기면서 썩게 되므로 비록 작은 간섭 에너지일지라
도 나약한 자손은 상당한 영향을 받을 수 있다. 화장을 하고 나
면 자손의 성격이 급해지거나 매사에 과민 반응을 일으킬 수도
있으므로 항상 마음을 느긋하게 하려는 노력이 필요하다.

동시에 건강 관리도 남달리 잘해야 하며 특히 신장, 심장, 혈
압 등의 순환기 계통을 신경 써서 관리해야 한다. 젊을 때는 혈

기가 왕성하기 때문에 영향을 덜 받을 수도 있겠으나 나이 들수록 체력과 면역력이 떨어지면 영향을 받게 된다. 또한 재물 관리에도 각별히 신경 써야 한다.

그러나 흉지에 묘를 쓰거나 장법을 잘못하여 물이 스며들어 발생하는 나쁜 간섭 에너지에 의해 그 자손들이 몽둥이를 맞는 격이라면 화장한 후라도 남은 유골을 잘 보존·관리한다면 그 자손들은 회초리를 맞는 정도라고 비유할 수 있겠다. 회초리를 많이 맞으면 멍이 들고 꽤 아프겠지만 몽둥이에 맞아 부서지거나 아픈 것보다 낫지 않을까?

부모를 화장한다고 하여 실망하거나 남은 유골을 예사롭게 생각하지 말고 다음의 조언을 참고하기 바란다.

납골당이나 가족 납골묘는 공기, 습도와 온도 조절이 잘되지 않는 경우가 많아서 유골이 썩으며 냄새가 나고 벌레가 생기기 쉬우므로 가족 납골 평장 묘지를 만드는 것이 가장 이상적이 될 것이다. 가족 납골 평장 묘지는 매장을 할 수 있는 혈장처럼 조건이 갖추어진 곳이 아니라도 조건이 어느 정도만 갖추어진 곳으로서 토질이 좋은 곳이면 좋다.

비록 작은 면적이라도 많은 유골함을 모실 수 있고 자손들이 모여 참배하면서 화목과 우의를 다질 수 있어서 좋다. 전혀 경제적 사정이 되지 않는다면 어쩔 수 없지만 사정이 허락한다면 자손들이 힘을 모아 조건이 어느 정도 맞는 적당한 곳을 골라 구입하여 잘 만들어 놓으면 아주 이상적이 될 수 있다. 유골함을 모실 때는 거름기가 없는 생지(生地)가 나올 때까지 파고 유골함을 모신 후 생석회로 잘 덮어서 다지고 물이 침입하지 않도록 지면보다 약간 높게 하여 그 위에다 고인의 표석(表石=墓表)을 세우면 된다.